开窍了，孩子会自主学习

贺瑶瑶◎著

中国画报出版社·北京

图书在版编目（CIP）数据

开窍了，孩子会自主学习 / 贺瑶瑶著. -- 北京 : 中国画报出版社, 2025.3. -- ISBN 978-7-5146-2473-1

Ⅰ.G791-49

中国国家版本馆CIP数据核字第2024VU7011号

开窍了，孩子会自主学习

贺瑶瑶　著

出 版 人：方允仲
责任编辑：李聚慧
美术设计：李道佳
责任印制：焦　洋

出版发行：中国画报出版社
地　　址：中国北京市海淀区车公庄西路33号　邮编：100048
发 行 部：010-88417418　010-68414683（传真）
总编室兼传真：010-88417359　版权部：010-88417359

开　　本：32开（889mm×1230mm）
印　　张：8.5
字　　数：230千字
版　　次：2025年3月第1版　　2025年3月第1次印刷
印　　刷：三河市冠宏印刷装订有限公司
书　　号：ISBN 978-7-5146-2473-1
定　　价：69.00元

自　序

我们人类的大脑极具潜力，但大脑的绝大部分潜能并没有被充分挖掘和使用。

为了提升孩子的学习能力，很多家长会密切关注孩子的情绪与心理，结果却往往事与愿违：孩子成绩没起色还厌学了，孩子没心服口服还更叛逆了，孩子没自主学习还想“躺平”了。这是因为，情绪和心理只能给孩子“加油”，但学习的发动机其实是我们的大脑。只给孩子“加油”，却不提升“发动机”的性能，当然还是跑不快。大脑潜能提升的问题得不到解决，学习能力不可能明显提高。

实际上，人与人之间的大脑容量并没有太大差别。学霸们都拥有一套适合自己的高效学习方法，前提是他们的大脑潜能已经被充分激发，还在闷头稀里糊涂学习的孩子自然就被远远甩在后边了。

可是，有多少家长能科学地认识大脑，帮助孩子开发大脑潜能呢？

很多清华、北大毕业的人，都在担心自己的孩子考不上清北；有些家长，以为自己当年学习轻松拔尖，便想让孩子复制自己的模式，自然而然地变得优秀；更多家长会有类似“我们当年学得没这么累啊”“当年家长都没管过我们学习”这样的抱怨。对比如今，80后、90后当年的教育资源、学习方式、各方参与程度都是非常粗放的，但是今非昔比，早已停止学习的当代家长们如果还用过去的经验和方法来看待和教育现在的孩子，就好比是在“刻舟求剑”。

要知道，家长的认知就是孩子认知的天花板。家长只有提升认知，并且做到与时俱进，才有机会接触、学习、使用科学的教育方法。众所周知，12岁之前的孩子是需要家长去引领的。如果我们家长还在用三十年前的学习认知和方式，来指导出生在智能时代的孩子，怎么可能读得懂、教得好他们?

试想一下，如果一个孩子记知识又快又牢，很擅长归纳总结和自我管理，他的学习效率和学习成绩怎么会不提高，在学习上怎么可能不自信，情绪怎么可能不稳定，心理素质怎么可能会差，亲子关系又怎么可能不融洽?

“教孩子要是配个说明书就好了！”“高效学习要是有实用手册就好了！”很多父母在辅导孩子功课崩溃时都禁不住这样想过。实际上还真的有。有人数学好，有人体育好；有人科科都得优，有人就是严重偏科；有人读比听记得快；有人更适合小组学习而不是一个人……这些都说明：天赋人人都有，只是存在个体差异。我们每个人的学习风格和学习方法都不太一样，这些都是由大脑决定的。作为家长，首先需要读懂孩子个性化的大脑，找准孩子的学习风格，准备好相应的学习战略，然后才是教给孩子好的学习习惯和学习方法，帮他们进入自主、高效的学习状态。从那之后，母慈子孝，快乐学习，身心健康就是顺其自然的事了。

在过去的十几年里，我带领团队一直深耕于提升孩子学习潜能这一领域。有十万多个中国家庭、上千位国内外学者及教练团队都参与了这个项目，为此我们积累了大量的数据、案例和方法。在这个项目中，我们发现学习能力不强的孩子，都存在一些共性问题，包括专注力不够、记忆力不行、学习规划能力弱、学习效率低、学习没有目标，与此伴生的还有孩子情绪不稳定和心理叛逆、家庭亲子关系不佳等状况。

在对大量案例进行研究分析之后，我们发现孩子学习能力不强的根本原因，并不是孩子有多笨，而是没有科学利用自己的大脑，以至于他们做不到高效学习，进而出现种种连锁问题。每个家长都希望孩子既学得快，又学得稳，还能学得久。家长会有这样的愿望，源于他们对于教育的焦虑，教育焦虑的根源又在于：孩子的整个教育过程需要经历很长的时间、多维的空间，以及众多社会关系的层层考验，而每一个层面都充满了诸多不确定性。

我相信大家已经明白了：大脑是具有强大潜能并且可以被不断开发利用的；每个孩子都有独特的学习个性，每个家庭都需要做出对应的培养计划；学校和社会环境更看重孩子的原始核心能力；应对多变的未来需要从根本上布局。我们希望通过这本书，通俗地解读孩子们个性化的大脑，教会家长有针对性地为孩子做好教育布局，分享切实可行的高效学习方法，以及告诉家长如何在日常养育过程中多维度地持续为孩子的大脑供能，最终，通过科学的、高效的、实用的方法，帮助孩子激发大脑潜能，实现高效学习。

贺瑶瑶

目 录

第一部分

脑子开窍了，孩子就会自主学习

第二部分

现在“费妈”将来才能“省妈”，成为孩子的学能规划师

第三部分

五维学能提升，科学高效激活孩子脑力

第四部分

善用学习策略和学习工具，全面赋能孩子成长

第一部分

脑子开窍了，孩子就会自主学习

学习是获取知识、提升能力最根本的途径。可为什么有的孩子能一直做到自觉自律，有的就拖拖拉拉，有的还对学习感到厌烦、抵触？在学习转化的过程中，为什么效率有高有低，结果有好有坏？对于孩子的学习，家长是不是都有这样的愿望：最好能取得出色的成绩，同时过程还不那么“痛苦”。那么，开启高效学习的“开关”究竟在哪里？

好奇心是驱动我们学习的原动力，而学习最硬核的工具则是我们的大脑。激活孩子的学习脑，才是实现高效学习最重要、最科学、最有效的途径。每个孩子都是独一无二的，因为每个人的大脑都有自己的“个性”。如果能科学认识和精准激发他们的“个性化”大脑，就可以激活孩子的学习潜力，让他们自发甚至快乐地爱上学习。

有的孩子天生就很擅长数学，有的孩子则对于艺术有着非凡的才华，这是因为每个人的大脑结构、神经系统的组织方式，以及遗传基因等诸多方面都存在着差异。所以，我们不能奢望每个孩子都按照同样的方式学习和进步，而是应该根据每个孩子的特点和优势来进行个性化的教育规划。

第1章

把握脑力发育的关键期，孩子才能在各阶段都出色

在家庭教育的过程中，家长经常把更多注意力放在孩子成长发育阶段的一些生理和心理的变化上，尤其是2—3岁的幼儿期叛逆、6—7岁的儿童期叛逆，以及12—14岁的青春期叛逆，家长会耗费大量精力与孩子进行心理、生理主题的沟通。但是，我们往往忽略了孩子的大脑发育关键期，没有对他们的脑力进行有针对性的关键训练。这样的结果，就是导致出现“假努力”“学习好假象”的危险。比如，很多小学甚至初中学习还不错的孩子，到了高中就掉队了。此时家长会问老师这样的问题：“为什么到了高二，孩子的物理就是学不好？”“原来英语还不错，怎么到了高一，成绩就只在及格线附近？”“平时考试还不错，为什么一到大考成绩就下来了？”

小学阶段经常会出现“成绩好假象”，因为一些家长给孩子提前学、提前补，因而在考核课本内容及以记忆力能力为主的中小学阶段，孩子非常容易拿高分甚至满分，但是到了需要考核逻辑分析能力、空间推理能力及高阶推演能力的高中阶段，一些“童子功”没有打牢的孩子就会掉队，有的是算力出现问题，有的是长时记忆

出现问题，还可能是逻辑推演能力不够。总而言之，这类孩子的根本问题是他们在大脑发育关键期接受的刺激不够，所以没有产生某项能力神经元链路拓扑[①]的稳定状态，最终导致高阶学习能力不足。

我们先看两个关于《西游记》的记忆力考核题。

1.《西游记》结局，师徒5人各被封为什么？

虽然七年级语文上册才要求精读与跳读《西游记》，但很多北京孩子在三年级就读完了《西游记》。这是一道北京某小学三年级的期中考试题，大家一定都读过《西游记》，能回答出来吗？这个问题考核的就是阅读后长时记忆能力。答案：

唐　僧——旃（zhān）檀功德佛

孙悟空——斗战胜佛

猪八戒——净坛使者

沙和尚——金身罗汉

白龙马——八部天龙

2. 请将下面《西游记》中的妖精按照书中出场时间顺序排列。

（1）金角大王（2）鹿角大仙（3）白骨精（4）鲤鱼精（5）玉兔精

这道题考查的是阅读中按时间线索记忆的能力。您知道正确答案吗？

看似简单的两道题，实际上孩子们回答的正确率不超过15%。

① 神经元链路拓扑又称神经网络拓扑，是深度学习领域中一个重要的概念，它描述了神经网络模型中神经元之间的连接方式和结构。神经网络拓扑在很大程度上决定了神经网络的表示能力和学习能力。

如果把这道题给到成年人呢？在过去的7年中，参加贺老师沙龙的家长已经超过10万人，但能完全答对的不超过1%。为什么？因为记忆力这件事，需要我们在大脑成长发育关键期进行刻意训练，才能使孩子的记忆能力始终保持高阶状态。但是，即使通过后天培养，也并不是所有人都能拥有过目不忘的能力。在我们做专项脑力训练之前，首先要了解孩子的“智力类型”，找到孩子的智力优势，进而在他们最突出的方向上做专项提升练习。

了解孩子的智力类型，才能选对未来的发展方向

智商（IQ）在很长时间内被认为是在社会竞争中取得成功的关键因素，智商测试也被广泛应用于智能评估中。然而，研究表明，智商高于110之后，成功与智商之间的关系就不再明显了，人际智能和情绪智能在社会竞争中反而起到了关键作用。

多元智能理论（Theory of Multiple Intelligences）的出现给智能的评价带来了新的视角。依据该理论，智力不仅仅是由单一的智商决定的，而是包括语言的智能、数学逻辑的智能、音乐的智能、身体运动的智能、视觉与空间的智能、人际关系的智能、内省的智能和自然观察的智能等多种智能的组合。这样的理论使我们更加全面地了解孩子的能力，并根据孩子自身优势选择未来的发展方向。

当然，每个孩子的成功都有自己的通道，不会因为智商的高低而产生绝对的影响，但是作为家长，我们一定要在儿童发展早期阶段，对孩子的优势潜能进行观察和培养。在这一领域，最近30年影

响力最大的是哈佛大学心理学家霍华德·加德纳（Howard Gardner）博士提出的多元智能理论。加德纳博士先后定义了8种智能类型，如下图所示：

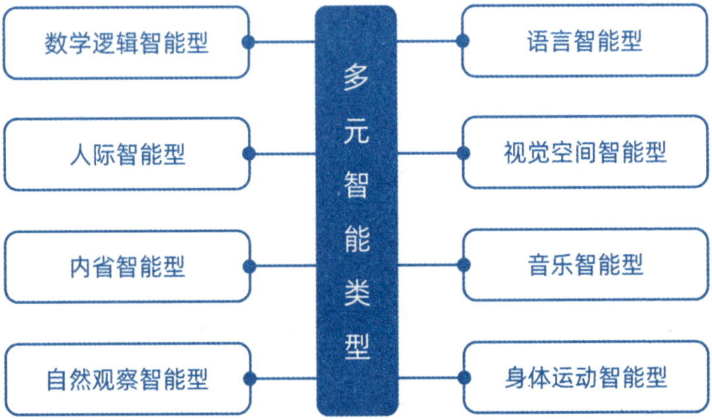

多元智能类型图

1. 孩子想成为记者、作家，对语言、文字敏感，属于语言智能型，例如莎士比亚。对于这种类型的孩子要鼓励其多阅读、写作，培养他们的语言表达和沟通能力；为他们提供丰富的阅读材料，并鼓励他们参与辩论、写作比赛等活动。

2. 孩子想成为建筑师、画家、雕塑设计师，有感受和辨别视觉要素和空间关系的能力，这样的孩子空间想象力特别好，属于视觉空间智能型，例如女设计师扎哈·哈迪德（Zaha Hadid）。要多鼓励这个类型的孩子进行绘画、建模等艺术创作，培养他们在视觉和空间上的想象力。可以为他们提供艺术类的课程，并给予他们展示作品的机会。

3. 孩子想要成为数学家、工程师、律师、警察，其逻辑、运算、分析的能力强，属于数学逻辑智能型，例如华罗庚。这种类型的孩子越早发现越好，要注重培养孩子的逻辑思维和解决问题的能力。可以为他们提供数学、科学等相关的学习资源和挑战性问题，鼓励他们参加数学竞赛。

4. 孩子想成为歌唱家、指挥家、作曲家，其感受、欣赏、创作音乐的能力强，属于音乐智能型，例如孔祥东、郎朗。对于这个类型的孩子首先要让他们学习音乐理论，培养他们的音乐欣赏和演奏能力。鼓励他们参与乐团、合唱团等音乐活动，并提供音乐学习的机会，如学习乐器或声乐。

5. 孩子想要成为运动员、舞蹈家、外科医生，可以精确控制身体达成运动目的，或以身体进行自我表达、创造的能力强，属于身体运动智能型，例如刘翔、全红婵。对于这个类型的孩子要多多鼓励他们参加体育、舞蹈等活动，培养他们的运动技能和身体协调能力。可以为他们提供专业的教练，并鼓励他们参加比赛或演出。

6. 孩子想成为节目主持人、公司CEO，想从政等，其体察他人意图与情绪、做出行为调适的能力强，属于人际智能型，例如雷军、俞敏洪。对于人际智能型的孩子要多多培养其沟通技巧和人际交往能力。鼓励他们参与社交活动、组织团队项目，作为家长要提供情感支持和引导，帮助他们发展合作精神和领导能力。

7. 孩子想成为哲学家、文学家，其反省、深入理解自己内心世界的能力强，属于内省智能型，例如哲学家苏格拉底、孔子。对于这个类型的孩子应从小鼓励其进行自我反思和深入思考，培养他们的个人成长和意识觉察能力。为他们提供安静的学习环境和时间，鼓励他们进行日记写作、思考问题等活动。

8. 孩子想成为生物学家、天文学家、化学家等，其观察自然界中各种事物的形态、总结自然规律的能力强，属于自然观察智能型，例如达尔文、居里夫人。家长要为这个类型的孩子提供丰富的科学知识和实验机会，培养孩子对自然界的观察和探索能力。鼓励他们参与相关的研究或实验项目，并提供参观科学博物馆等活动。

作为孩子人生的第一任导师，家长们尽早了解孩子的智能类型并提供相应的刻意练习非常重要。不管孩子有多聪明，或者在某个领域多优秀，没有在关键节点进行训练，孩子的天赋就容易被埋没。此外，为什么对于每个类型的孩子，老师都会鼓励他们去打比赛或者参加演出与展示？因为这些能提升孩子的学习动力。要知道，孩子长久学习的动力，包括学习原动力及音体美等各学科学习的动力，大部分来自学习带来的“成就感”，或者说来自孩子获得的“家庭或社会地位”。在准备比赛的过程中，可以锻炼孩子的毅力与耐力，比赛的成功也能让他们获得赛后的成就感。这就形成了一个正向的循环，当孩子在高挑战的领域得到成就后，就会将这种自信与动力用在日常学习中，事半功倍。

有一个真实的故事：20世纪，一个英国人发现了两个由狼抚养大的女孩，这两个女孩的生活习性与人类有很大的差别，却与野生狼的习性一样。在她们重新回到人类环境的过程中，人们想方设法地教她们说话，努力恢复她们的智力和人性。但是，在进行了长达4

年的教育和训练后，她们还是只能听懂几句简单的话，只学会了6个单词。直到死的时候，她们的智力仍停留在4岁儿童的水平。这就是错过了孩子大脑发育关键期的结果。

同理，一些落后地区的留守儿童，父母不在身边，爷爷奶奶很少和孩子深入交流，也不能给孩子提供足够的语言刺激。这样的情况下，孩子可能会在语言发展上落后于同龄人，导致后续在学习和社交方面出现困难。

孩子脑力发展有关键期，应该进行针对性训练

大脑的发育在人类成长过程中至关重要。事实证明，动物抚养长大的孩子在智力和大脑功能发展方面明显滞后于同龄人。根据心理学研究，人的智能主要在学前即6岁前完成，其中有很多个关键期，一旦错过了这些关键期，后天很难进行弥补。关键期内大脑的发育是最为迅速的，而神经网络最密集的阶段是6岁。

经常有人问我："孩子应该几岁开始学习英语？"答案是语言的学习与刺激越早越好，如果必须给出黄金期，那外语学习的黄金年龄是3—6岁。这个时间段大脑神经网络拓扑状态很密集，对于来自语言的刺激反应非常敏感。我身边有很多学霸，高考的英语成绩都在140分以上，我采访过其中一些人，他们基本上都是3—6岁开始接触英语并长期学习。

一旦错过6岁前这些关键期的能力发展，后来即使付出成倍的努力也难以进行补偿。美国著名心理学家本杰明·布鲁姆（Benjamin

Bloom）认为：假设一个人在17岁时智能达到100%，那么1岁时，智能发展就完成了20%，4岁就达到了50%，8岁则完成了80%，13岁时智能就已经发展到92%。由此可以看出，人的智能发展主要是在学前期（3—6岁）完成的，而脑力潜能的高效提升，要尽量在13岁前完成。

以下是对不同年龄段孩子敏感期的简洁描述：

0—1岁：感官敏感期

——视觉：孩子对颜色和形状的敏感度增强。做一些“闪视”训练可以为好的视觉专注力与视觉记忆力奠定基础。

——听觉：孩子对声音的敏感度提高。开始模仿声音，为听觉专注力和听觉记忆力打基础。

——嗅觉和味觉：孩子对气味和味道的敏感度增强。多去大自然感受，为激活孩子五感想象能力打基础。

0—6岁：语言敏感期

——理解：孩子开始理解简单的词汇和指令。

——表达：孩子学会用简单的词汇表达自己的需求。

——输出：孩子越来越顺畅地输出自己的想法，独立思考能力开始凸显。

1—3岁：动作敏感期

——大运动：孩子学会爬行、走路和跑步。多练习爬行对未来孩子长时间保持专注力有很大帮助。

——精细动作：孩子学会拿东西、捏东西和涂鸦。精细动作促进肢体协调能力提升。

2—4岁：秩序敏感期

——规律：孩子开始理解日常生活中的规律和习惯，为未来时间管理奠定基础，自律的孩子从小做事就有规律。

——习惯：孩子形成良好的生活习惯和行为规范。良好的学习习惯来自良好的生活规范。

4—6岁：社会规范敏感期

——合作：孩子学会与他人合作，共同完成任务。

——分享：孩子学会分享玩具和食物。

——遵守规则：孩子学会遵守游戏规则和社会规范。全面提升孩子未来的团队精神。

3—6岁：书写和阅读敏感期

——书写：孩子开始学习握笔和书写简单的字母或汉字。

——阅读：孩子开始对书籍产生兴趣，学会阅读简单的文字。阅读是全科基础，这个时间段亲子共读非常重要。

6—12岁：身体素质发展敏感期

——身高和体重：孩子的身体迅速成长，身高和体重增加。

——力量、速度和耐力：运动后孩子的力量、速度和耐力得到提高。

6—12岁：学习敏感期

——兴趣和爱好：孩子对各种活动产生兴趣，形成自己的爱好，找到自己的学科优势。

——学习能力：孩子的学习能力逐渐提高，底层能力的激活能使孩子更好地吸收知识。这个时期基本可以确定孩子的底层学能优势。在孩子的不同成长阶段，家长应关注孩子的敏感期，提供适当的刺激和支持，帮助孩子全面发展。

7到12岁的儿童正处于大脑发育的关键阶段，这个时期对于提高学习能力和优化大脑功能至关重要。在过去的10年里，非常多的家长会问老师："为什么我家孩子就不爱学习呢？其他干什么都挺好，就是学习不行。""为什么孩子平时学习还不错，一考试就不行，遇到大考就完蛋了？""老师怎么让孩子学习有自驱力呢，不用我天天在后面追着学？""我家，不学习母慈子孝，一学习鸡飞狗跳。"家长们在一起谈论最多的就是孩子的学习问题，甚至有一些家长开始"佛系"起来："孩子学习爱咋的咋的吧，我是管不了。"

我们转换下思维，换个角度了解我们的孩子。例如，开四缸发动机的汽车和开八缸发动机的汽车，一脚油门下去，哪辆车跑得快？显而易见，八缸发动机的汽车开得快。这就如同我们的大脑，输入的都是相同的内容，但是输出完全不同，因为脑力不同，接受内容的留存率不一样。每个家长都应该充分了解孩子的脑力特色，并在相应的年龄做对应的刺激。

如果家长不注意对孩子的基础学习能力进行强化训练，未来想要做到厚积薄发，成绩上有大的突破，一定会很难。7—12岁被称为神经发育敏感期，因为这个时期的大脑对外界刺激和经验的响应最为敏感。

来看看，你的孩子是否具备这些基础学习能力

在7—12岁这样一个大脑发育的关键时期，通过学习和经历各种刺激（例如经常去世界各地旅行，看中英文电影，参加社会实践活动，参加各种夏令营等），儿童可以建立健全神经连接，并提升基础学习能力。我们所说的基础学习能力，包括感觉统合力、专注力、记忆力、反应力、阅读力、理解力、总结能力、想象力、运算能力、逻辑力、感受力、表达能力和推演能力等。因此，在这个关键期进行相关基础学习能力的训练，对孩子们在未来从容应对更高阶的学习和挑战至关重要。

不同年龄段的儿童在脑力训练方面有不同的侧重点。以下是针对不同年龄段的儿童，基础学习能力提升的训练方法和案例，看看你家孩子做过哪些?

专注力：运动后专注力会特别好。通过集中注意力的游戏如拼图、迷宫等，帮助孩子提高专注力。通过深度阅读、解决复杂问题等方式，培养长时间保持注意力的能力。让孩子拥有主动专注的能力，而不是只有“刷手机”时的被动专注力。专注力是消耗品，孩子不可能对所有事情都专注，这是家长要注意的。定时定点的学习对高效专注力的养成非常重要。

记忆力：小学阶段是记忆力最好的高效输出时期，通过学习诗歌、英语单词等，打开孩子的五感，可以促进记忆力的提升。但是真正的高速记忆是需要刻意训练的，不然形成的都是短时记忆。

阅读力：当孩子上了三年级，他们的认字量与语义理解深度已经足够了，是提高阅读速度的最佳时期。学会“高效阅读”是所有科目快速提升的基础条件，阅读的速度、阅读的记忆都决定了未来的阅读理解和写作，所以一定要让9—12岁的孩子学会“高效阅读”。

总结能力：通过制作思维导图、阅读后复述故事等方式，来提高孩子的总结能力，从而打开输出信息的通道。所有的学习都是输入、理解、总结后才能高效输出，而考试就是在考输出能力。

思维力：思维力包括数理运算能力、空间想象能力及高阶逻辑推演能力等。初高中真正比拼的就是推理、演绎、解决问题和思维拓展的能力。五年级开始，很多孩子的学习状态开始分流，思维力、思辨能力好的孩子展露出好的学习力，高阶的思维能力会让孩子不仅热爱学习而且享受思考。这才是我们想让孩子拥有的学习状态。如果思维力不行，高中阶段的学习后劲就会不足。

想象力：这是人类持续拥有创造力的基础。想象也是其他能力得以延展与提升的重要过程。没有想象力，空间感、图像记忆能力，甚至阅读能力都会受到影响。不出去看世界而天天在补习功课的孩子，最先失去的就是想象力。没有了想象力，无法让孩子打开五感去感受世界，他的学习力就会变弱，高中、大学阶段就会相对吃力。

很多家长认识不到脑力提升对孩子未来的影响有多大，每天给孩子补习，一对一、一对多，结果天天补习，成绩却没有提高。那是因为你在用相同的“发动机”比赛，想要赢得这场马拉松式的学习比赛，必须换“发动机”。孩子学习的“发动机”就是大脑，脑力提升需要提前规划与学习，所以只有全面提升孩子的基础学习能力，孩子才会成为真正的学习高手。

下面更深层地讲解如何了解自己的孩子，从而做出相应的规划。

合适的时间、合适的训练，才是对孩子有价值的教育

经常遇到家长问这些问题：

1.英语几岁学习最好？

2.钢琴几岁学最好？

3.适合画画的年龄是几岁？

4.孩子几岁开始练体操最好？

5.滑雪几岁开始学习？

孩子拥有更多兴趣爱好和才艺特长是所有家长的愿望。但是，家长在给孩子安排兴趣启蒙的时候，应该根据儿童大脑发展的特点，理智地选择学习时间。为孩子在最合适的时间，提供最适合的训练，这才是最有价值的教育。我总结的一份《儿童学习才艺的最佳年龄表》仅供大家参考，因为每个孩子的成长环境不同，适合孩子学习的最佳年龄也不同。

儿童才艺学习的最佳年龄表（一）

才艺学习	最佳年龄	原因分析
小提琴	5—6岁	1. 小提琴演奏是单手拿琴站立演奏，肢体平衡性要好； 2. 3—4岁幼儿手及指头尚小、力量不够；而5—6岁手指发育适当，是开始学习小提琴的好年龄。
钢琴	4—5岁	1. 钢琴学习不宜过早，需要孩子具备一定的认知能力，最起码能认识简单的五线谱并拥有一定的听力分化及对音乐的感受能力，如音乐的音高、音色和音调； 2. 孩子的手部精细动作发展要到位，要有一定的手眼协调能力及手指的力度，也要考虑手部发育的大小； 3. 3—4岁，最好让孩子先听好的音乐，欣赏好的音乐；4—5岁，开始学习钢琴比较适宜。
绘画	3岁	1. 孩子2—3岁开始对形状、颜色产生兴趣； 2. 因此孩子3岁左右开始绘画，最为适宜。
书法	7—8岁	1. 书法是一种技巧性很高的艺术，需循序渐进长期练习才能掌握其精髓； 2. 幼儿园的孩子因为年龄太小、理解力较弱、拿笔姿势及认字多少的问题，不是学习书法的最佳年龄，但若有兴趣，还能持续学习的话，6岁可以开始学起来； 3. 孩子从二年级开始学习书法较为适当，因为这个年龄已适应学校生活，对文字的理解也较深，可以开始坚持学。
英语	1—2岁	1. 幼儿期是口语发展的最佳年龄阶段，正常儿童4岁时便能掌握母语的全部语音，而且也能学会其他民族的语言； 2. 孩子5岁之后，母语习惯已形成，发音机制逐渐稳定并限于母语； 3. 孩子1—2岁开始学习英语最佳； 4. 孩子3岁以后开启正规的听、说、读的训练，用阅读带动听说，增加词汇量。
乒乓球	3岁开始	1. 当幼儿能学会丢球、接球的动作，能做到“接丢高球”动作，就能打乒乓球了； 2. 可以正面把球打回去的话，就可以用拍子打球； 3. 孩子如果有兴趣，随时都可以开始学乒乓球。
滑雪	4岁开始	1. 孩子3岁开始可以自由使用身体，如跑步时突然很快地停住或者来个急转弯等； 2. 学滑雪的适龄期在4岁左右；若穿上滑雪器具也能走路的话，2岁半的幼儿也可以滑雪。

儿童才艺学习的最佳年龄表（二）		
才艺学习	最佳年龄	原因分析
柔道	9岁左右	1. 孩子2岁左右喜欢被父母逗弄身体，玩成一团； 2. 孩子3—4岁喜欢抓大人的脚，也喜欢从前、后面攻击大人； 3. 孩子5岁时可以前后左右自由回转，具备了练习柔道基础的运动能力； 4. 小学一、二年级就可以进行柔道启蒙了，但正规的柔道学习到小学四年级开始比较适当。
剑道	8岁左右	1. 孩子2—3岁不懂竞赛，但4—5岁有了个性，懂得自我主张以后，会不服输、竞争力强；6—7岁开始具备比赛的拼搏精神了； 2. 从体力和精神的发展来看，小学三年级左右是学习剑道的最好时期。
芭蕾 现代舞	6—7岁	1. 幼儿在2.5岁到3岁就能踩出步伐，可以培养其正确的音感，所以一周练习一次基本功就可以了； 2. 让孩子从事很难的动作对身体发育并不好。技巧的指导从肌肉尚柔软的6—7岁开始比较理想，芭蕾舞要两脚打开180度的动作，在这个年纪就要开始练习了。
古典舞	4—5岁	1. 学古典舞蹈的适龄期是4—5岁，从这个年龄开始是因为孩子的身体很柔软，此时智能已发展，运动神经及感受性也开始运作，会自动自发努力。
围棋象棋	5岁	1. 很多孩子在3—4岁能区分棋子的黑和白时就开始学习了，过早启动理性脑会影响未来的感性脑的平衡应用，孩子过于理性，未来的记忆力与沟通能力会低于同龄孩子； 2. 建议5岁开始学习，对感性脑与理性脑的平衡起到推动作用； 3. 这两种棋都有很难的专业术语，如果要充分了解，从小学二年级开始学习也不晚。
游泳	4—6岁	1. 只要激活孩子的闭气反射这个本能反应，任何年龄都可以学习游泳，有很多婴幼儿已经开始学习游泳； 2. 太小学习游泳，由于婴幼儿不会护理自己，并且表达能力差，容易出现溺水、中耳炎等。学习游泳，安全是第一要素； 3. 4—6岁是学习游泳的最佳年龄，这个年龄的孩子已经具备基本的表达能力，学游泳的过程中如果出现疑问，可以及时和教练沟通； 4. 游泳可以促进血液循环，也能够促进骨骼发育并增强免疫力。

儿童才艺学习的最佳年龄表（三）		
才艺学习	最佳年龄	原因分析
体操	3 岁开始	1. 孩子1岁会跟着节奏手舞足蹈，摇动身体；2 岁可以抓住东西；3 岁可以跑到目的地；4 岁会单脚跳、翻跟头，两脚交互轻跳； 2. 一般来说从 3 岁开始较为适当，体操这样的项目童子功很重要。
溜冰	4—6 岁	1. 4—6 岁是开始溜冰的适龄期； 2. 早一点开始学，就像讲母语一样，可以在无意识之中，掌握溜冰的窍门。
棒球	4—5 岁	1. 孩子到了 4—5 岁就可以把球往墙壁或屏障丢去，再把弹回来的球接住，把墙壁当作对手来投球、接球，是当捕手的基础练习，可以培养正确的控球、投球；会投球、接球之后，方能和小朋友一起打棒球； 2. 一般来说 6—7 岁以后就可以加入棒球队。

为了激发孩子的学习兴趣和自觉性，我们需要找到他们高效学习的“开关”。有些孩子在传统的课堂环境下可能显得比较被动，对学习缺乏兴趣。但是，如果给他们提供一个实践探究的机会，让他们亲自动手去解决问题，可能就会激发他们的学习热情。这是因为，有些孩子更适合通过实践来学习和掌握知识，而对于另一些孩子来说，他们可能更善于通过阅读和听课来获取知识。所以，要想让孩子自发地学习，我们需要从他们的兴趣、能力和学习风格出发，提供多样化的学习方式和机会。

总之，大脑的发育对于人类的成长至关重要。上小学前是智能发展的主要阶段，错过这个阶段以后就很难进行弥补。除了学前期，孩子脑力潜能的提升在7—12岁还有第二个黄金期。孩子的智能是多方面的，每个孩子在不同的智能领域都有自己的优势和潜力，因此找到适合孩子的学习风格同样非常重要。

第2章

懂得男孩、女孩的脑力差异，才能激发他们的学习天性

大脑是人类智能的核心，负责控制各种感知、思考与行为。一直以来，大脑决定着孩子们的学习方式。了解大脑的天性优势，才能激发孩子们学习的优势力量，但是很多家长对此知之甚少。

了解孩子的学习天性是家长们的必修课。在陪伴孩子成长的过程中，我们也算是重新过一次人生，这期间要不断自修成长，并且突破认知。不管您是“佛”系的家长、“卷”系的家长，还是“成长”系的家长，都建议您和我们来一起探索孩子的真实世界，并找出孩子的优势。

大脑到底是如何运作的？

家长如果多了解一些脑科学相关知识，就可以帮助孩子在成长与学习的路上少走很多弯路。

根据科学研究，成年人的大脑里大约有1000亿个神经元，而神经胶质细胞的数量比这还要庞大。简单来说：

1.大脑负责控制感知、思考和行为。

2.大脑由神经元和神经胶质细胞组成，形成神经网络。

3.大脑的重量为1—1.6千克，分为大脑皮层、边缘系统和脑干三个层次。

4.大脑皮层是最外层的部分，具有处理高级认知功能。

5.边缘系统位于大脑皮层下方，处理情绪反应和自主神经系统的调节。

6.脑干位于底部，控制基本生理功能和“战斗或逃跑”反应。

7.不同层次的大脑相互合作，影响彼此的功能。

了解大脑以上的结构和功能，可以帮助我们更直观地理解如下人类的智能和行为，进而了解更多“个性大脑”，助推孩子学习，如下图所示：

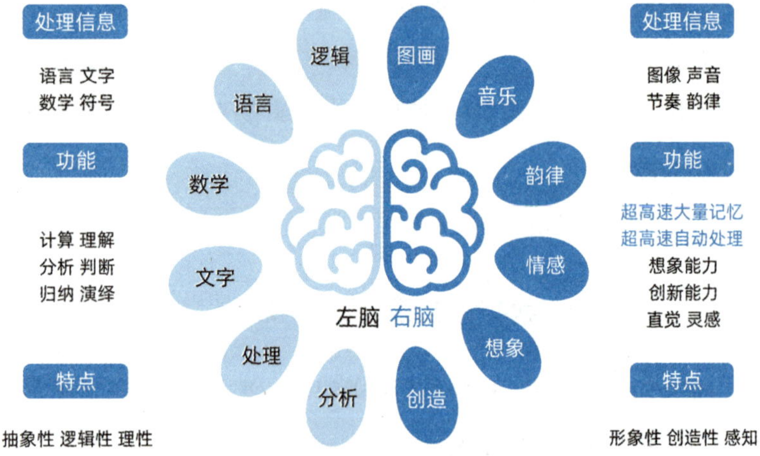

大脑功能图

你知道吗？男孩、女孩的大脑有五大差异。

1.大脑的发育过程及结构上的不同

男孩和女孩的大脑在发育过程和结构上确实有一些不同。一般来说，女孩的大脑会比男孩发育快一些。比如，女孩在语言能力的掌握上会比男孩早一年左右。这就是为什么女孩在幼儿园更早学会说话，词汇量更多，并且对语法更擅长。

在大脑结构方面，女性的胼胝体（连接左右脑半球的神经纤维束）通常比男性的要大一些。这意味着女性的左右脑之间有更多的神经连接，使得两侧脑区之间的交流更频繁。此外，女孩的前额叶和枕叶的发育也较男孩更全面和快速。前额叶负责情绪调节和高级决策，而枕叶则主要负责接收和处理感官信息，尤其是视觉信息。女孩子更愿意运用图像进行记忆，对色彩相对敏感。

2.大脑中化学物质的不同

大脑中大多数化学物质的含量，男性与女性都存在相当多的不同。比如：5-羟色胺，人们常常称之为“开心素”，是一种神经递质，男性的含量偏低，这使得男性更容易冲动，更容易坐立不安。

后叶加压素和催产素的差异也相当大，比如：当看到小孩子哭泣时，大脑会受到刺激而产生催产素，这时，女性的催产素水平要比男性高得多。催产素只是更容易在女性大脑中因一定的刺激而不断产生的化学物质之一，这使得女性更容易对他人表达出同情之意。

3.大脑激素分泌的不同

男孩和女孩大脑激素分泌的不同，主要体现在以下几个方面：

主导激素：在女性大脑中占主导地位的是雌激素和孕酮，而男性大脑中的主导激素是睾酮。

情绪影响：大脑激素对男孩和女孩的情绪产生实质性影响。这种影响从青春期前期开始，男孩每天可能会受到多次睾酮“峰值”或“激增”的冲击，这使得他们的情绪状态出现反复变化，表现为在好斗激进和沉默畏缩之间起伏。同时，女性的雌激素和孕酮的分泌量也会随着激素周期的循环而上升下降，这同样会影响她们的情绪状况，家长很难把控孩子的喜怒，所以面对青春期的孩子，要少言加忍让，帮助他们顺利度过这个时期。

学习成绩：由于大脑激素的影响，男孩和女孩在学习上也会受到不同程度的影响。女生在雌激素水平高涨期间，无论是参加大考还是小考，得分通常会比雌激素低潮期要高一些。而男生在睾酮水平高涨期间，在某些需要空间思维的科目（如数学）中可能会表现出更好的成绩，但在其他方面的考试中可能会下降。

4.大脑功能上的不同

因为男孩、女孩在大脑功能上的不同，在完成学业的过程中，他们的表现也有着明显的差异。找到这些差异，就可以了解“为什么有的孩子某个科目就是学不明白”的根源。总之，男女大脑在情绪处理、信息处理、空间任务和记忆存储等方面存在差异，这些差异可能对学习等方面产生影响。以下是我们对于男女大脑在学业上的一些具体差异分析：

情绪处理方式的差异。男孩多使用脑部中层的边缘系统及下层的脑干来处理情绪信息，而女孩则多使用大脑顶层区域来进行复杂思考。女性大脑在空闲时比男性大脑更活跃。

信息处理方式的差异。男性大脑往往倾向于以“完成任务”为目标，处理信息时更容易混乱并忽略一些细节。而女性大脑在感官信息摄入量和记忆存储量方面更胜一筹，能够更快地回应感官信息，并将其与人际关系和交流沟通联系起来。通过多年的经验发现，女性对听觉更为敏锐，而男性较为迟钝，因此在与男生交流时需要加大音量。女生在音乐合唱方面比男生更擅长保持准确的音高，其准确率是男生的6倍。这表明女性在听觉方面具有优势。

空间任务和抽象推理能力的差异。男孩子的大脑在处理空间任务和抽象推理方面相对较强。他们更擅长摆弄物件、理解定理等任务。而女性大脑在记忆存储量和感官信息摄入量方面更具优势。

当然，每个孩子的个体独特性和文化背景也会对这些差异产生一定的影响，因此不能将差异绝对化。现在的智慧型家长也会越来越多地进行平衡型训练，帮助孩子在很小的时候对他们的大脑进行全方位的提升与刺激，使得男生与女生的分化越来越小。因而，很多男孩子会学着快速高效地用语言表达自己的感受，女孩子也正学着在体能和团队活动中提升自己的能量。总之，找到适合自己的能量才是最重要的。

5.大脑情绪加工上的不同

女性大脑能处理更多的情绪信息，快速将情绪转换成语言。同样的情绪信息，男性大脑可能要花好几个小时才能处理掉。男性大脑的情绪加工能力偏低，这使得男孩子比我们想象的还要脆弱。他们不能像女孩那样引导自己的大脑迅速处理好情绪，并将其转换成语言，而他们的这种情感脆弱有可能导致当天的学习能力大打折扣。

男孩女孩大脑内部的“整体布局”也很不同，这种差异深深影响着男孩和女孩的行为、性格、生活方式和学习方式。家长们如果能更好地了解孩子们的脑力的不同，就能更容易找到造成孩子当下学习优势与劣势的原因。我们总结了这样一张表格，主要是帮助孩

青少年脑力优势表	
男孩子	女孩子
数学能力更强，逻辑思维好	语言功能更强，情绪表达能力强
空间想象力、三维空间推理好	更擅长语法、词汇的应用
更善于看地图，辨认方向	善于完成精细动作
下棋水平更高	学外语水平更高
需要花更多的时间让阅读进步	更早开始阅读，阅读水平更高
更愿意探索并去行动	更愿意与人沟通并提升人际关系
95%男孩子过于好动	5%女孩子过于好动
空间与推理更好	视觉与听力更好
更多的男生认为”打架“是解决冲突的好办法	更多的女生认为“走开或者说明白”是解决冲突的好办法
14—16岁智商水平提升惊人	智商基本上到了初中后保持不变或下降，到高中会重新上升
得抑郁症的可能性比女性低	有抑郁症倾向的女生更多

子处在小初阶段的家长了解男孩女孩不同的大脑结构，以及对他们学习产生了什么样的具体影响。

一定要注意男孩、女孩脑力提升的科学方法。在过去的20年中，脑科学研究者们发现了男孩和女孩在学习方式上的很多不同之处。比如，通过给女生提供更多的机会参与课堂互动，她们就可以像男生一样活跃起来，这样有助于促进她们大脑皮层的发育，从而提升她们的空间智能。相反，通过帮助男生安静地读书，也有助于促进他们左脑的发展，从而提升他们的语言智能发展。了解这些关于男孩和女孩不同学习方式及智能优势的知识，能够让我们从一个全新的角度去看待在学校和家庭环境中的孩子们。

了解男孩和女孩的不同学习方式，还可以帮助我们在与孩子对话时，调整好适当的情绪，有更多的包容心和同理心，想到更有效的解决方法。

男孩女孩大脑上的不同还会影响他们的学习方式和兴趣。了解这些差异可以帮助家长更好地理解孩子，为他们提供适合的学习环境和支持。比如，女孩在语言能力上发育较快，可以通过多参与课堂互动来促进她们的学习；而男孩在处理空间任务和抽象推理方面相对较强，可以提供一些适合他们的学习活动。

不管是男孩还是女孩，都应该被平等对待，鼓励他们表达自己的想法和感受，并根据他们的兴趣来发展他们的技能。请记住，每个孩子都是独一无二的，需要我们根据孩子的个性与需求，在成长发育的关键期进行脑力提升训练，进而做出个性化的教育和培养，从而帮助孩子发挥优势，成为自信的学习高手。

第3章

家长要特别注意，激活孩子大脑的15种习惯和破坏大脑的5种方式

有一种情况很普遍：孩子学习时都是稀里糊涂的，跟着老师过一遍就去参加考试了，很多家长也选择“佛系”教育，到了初高中才知道着急。实际上，保持大脑的活跃、高敏感度与保持旺盛的生命力对学习和人生都具有重要的影响。成年后的我们回看过往，很容易得出这样的看法：基础教育阶段其实是孩子时间、身体、心灵最简单最原始的阶段，家长及家庭的影响一定是远远大于学校与社会的。假若家长不学习、不进步甚至对教育毫无思路，却要求孩子将来考上985院校，那就等于孩子要求我们变成世界首富一样。

如何做才能更科学地利用大脑，更高效地利用学习时间，进而让孩子感觉到学习的快乐，家长也没有那么焦虑呢？下面，我们会从15个角度来教会大家如何激活孩子的学习脑，让孩子自己控制学习节奏，从而成为学习高手。

养成这15个习惯，孩子的大脑越用越聪明

习惯1：学会文字图形化处理。这是让大脑可以大量处理图片

的能力，例如，当提到“雪中送炭”“铁杵成针”这类成语时，我们的大脑里会有一个连贯的画面感。当越来越多的画面存留在大脑中，就会提升孩子图片记忆能力和长时记忆能力。

习惯2：每天按时起床。人体内有生物钟和大脑网络两个时钟，通过早晨按时起床这一动作，可以让太阳的光线将体内的生物钟调整到24小时，同时促进大脑中5-羟色胺的分泌。5-羟色胺是孩子的“开心素”。好的生物钟系统会提升孩子的整体学习力。

习惯3：每天快速运动十根手指。运动手指可以激活大脑中平时不太常用的区域。这也是为什么弹钢琴的孩子记忆力都特别好。弹钢琴有利于左右脑平衡训练，是左右手乃至全身肢体的运动。学钢琴的年龄越小，大脑开发程度越高。所有类型的全手指运动对脑力提升都非常有帮助 。

习惯4：经常玩迷宫游戏。锻炼空间认知能力有预防痴呆的效果，通过迷宫游戏等活动可以训练和改善大脑的导航系统功能，提升空间想象力，这对未来理科学习的逻辑能力提升非常有帮助。

习惯5：演奏乐器。大脑可塑性与开始学习和进行练习时的年龄有关，这部分在“儿童学习才艺的最佳年龄表”里有详细介绍。演奏乐器时的重复运动，可以强化与运动相关的神经网络，改变大脑的机能。尽量让孩子掌握一门乐器，即使不走专业路线，也不一定要考级，这个练习的过程就是脑力开发与提升的过程。将这些能力平移到学习中，孩子的学习会更轻松。

习惯6：限制使用智能产品的时间。长时间暴露在蓝光下会对大脑功能造成负面影响，最好限制孩子对智能产品的使用时间，避免对其大脑产生不良影响。

习惯7：用非惯用手操作智能手机。使用非惯用手时，就需要用到平时不常用的大脑区域，这样可以激活大脑的运动皮层，增强大脑活性。

习惯8：每周做3次有氧运动。有氧运动是预防痴呆最有效的方法，能够增加大脑中海马体的体积，提高记忆力和判断力。

习惯9：运动的时候配合节拍喊口号。配合节拍喊口号能够增强大脑的活性，提升运动时的顺利程度，同时提升多感官协调与身体的平衡对应脑区的刺激，增强孩子神经元链路拓扑的速度，对专注力、记忆力都有促进作用。

习惯10：学习时不要拖拉。为了增强大脑的活性，学习时间的选择与集中非常重要，要尽量提高大脑的工作效率，节省学习过程中的能量消耗。

习惯11：学会控制压力。控制压力可以保持心理上的平衡，采取多晒太阳、有节奏地运动、调整呼吸等方法能够增加5-羟色胺的分泌。

习惯12：每天正念冥想15分钟。通过正念冥想来激活人体的放松反应，可以帮助我们更富有积极心态，增加幸福感，对大脑产生积极影响。如果每天睡觉前做10—15分钟冥想，就能提升孩子的睡眠质量和长时记忆能力，同时情绪也会越来越稳定。所以亲子冥想应该是在家长带动下的一个全家活动。

习惯13：用手工劳动来改变大脑。孩子自己动手解决问题的行为对大脑非常有好处，可以锻炼程序记忆和工作记忆，并且在磨炼孩子意志的同时，得到一个迅速反应的脑力系统，这对于生活和学习都非常有帮助。可以经常带孩子参加一些手工工艺课程，例如学做小木匠、小铁匠，剪窗花，捏糖人等。

习惯14：吃出聪明大脑。遵循多样化和均衡的饮食，摄入富含抗氧化剂的新鲜食物、类黄酮、不饱和脂肪酸等有益于大脑健康的营养物质。尤其要注重考试前的饮食调整。

习惯15：每天阅读20分钟。在进行文字阅读时，孩子的想象空间是要远远大于图片阅读的，文字阅读可以培养孩子的逻辑能力和想象力。每天阅读可以提升孩子的专注力和记忆力。不管是哪个年龄段，阅读都能让他们变得更聪明，在刺激脑部神经、开发脑力心智的同时，还可以提升孩子认知世界的能力。

通过培养以上这些习惯，可以全方位激活大脑的各个区域，提升大脑的认知能力、记忆力和学习力。但需要注意的是，每个人的大脑特点不同，同样一个好的习惯，带来的效果也会因人而异。因此，建议家长们根据孩子的实际情况进行调整，选择适合他们的习惯，并持之以恒。

让孩子远离破坏大脑的5种生活方式

1.含糖量太高的饮食习惯

现代饮食中含有糖、不健康的脂肪和已知能杀死脑细胞的化学添加剂。这种饮食已经广泛导致肥胖、高血压、糖尿病。

许多被认为“健康”的东西，比如全麦或菜籽油，很大程度上都是营销出来的错误观点。而一些脑部真正必需的营养物质，如欧米茄-3（Omega-3）脂肪酸，几乎从我们现在的食物供应中消失了。

2.久坐的生活方式是脑细胞杀手

久坐这种生活方式，确实可能对身体健康产生负面影响，包括对脑细胞的潜在不良影响。以下是一些相关细节说明，家长们一定要注意了。

◎血液循环减少：久坐会导致身体活动水平降低，血液循环减少。这可能会导致脑部供血不足，减少氧气和营养物质输送到脑细胞，影响它们的正常功能。

◎炎症和氧化应激：久坐的生活方式与慢性低级炎症和氧化应激有关。这些生理过程可能会损害脑细胞，并与认知功能下降和患神经退行性疾病（如阿尔茨海默病）的风险增加相关。

◎大脑活动减少：久坐会导致大脑活动水平下降，尤其是与身体运动相关的区域。身体运动被认为对大脑的健康和认知功能的提升至关重要。久坐的生活方式可能会降低大脑的灵活性和适应性。

◎心血管健康问题：久坐与心血管健康问题（如高血压、心脏病和中风）相关，这些问题也可能对脑细胞产生负面影响。患心血管疾病，可能会导致脑部供血不足，从而损害脑细胞的功能和健康。

为了缓解久坐带来的潜在风险，我们建议在生活中采取以下措施：

◎做适量的身体活动：尽量避免长时间坐着，定期进行身体活动，包括站立、行走、伸展和进行有氧运动。

◎遵循健康的生活方式：保持健康的饮食，保持适当的体重，有效管理心理压力。

◎设定休息时间：设定定时器提醒，每隔一段时间起身活动一下，避免长时间连续坐着。

看电视或盯着电脑屏幕，不会提供大脑需要重新连线以创建新的神经联系的精神刺激。这些活动是被动的，而不是主动的。但如果是孩子下棋、弹钢琴或者画画等活动，就会实现精神上的多重刺激，从而形成新的神经元连接，这个时候孩子拥有的是主动专注力。

3.长时间睡眠障碍会影响记忆力与反应力

长时间睡眠障碍（如失眠、睡眠呼吸暂停等）可能对记忆力和反应力产生不利影响。孩子的睡眠质量严重影响着专注力、记忆力、反应能力及情绪控制能力。

◎记忆力影响

睡眠在记忆形成和巩固中扮演重要角色。良好的睡眠有助于将学习的信息从短期记忆转化为长期记忆。长期的睡眠障碍可能导致睡眠质量下降，进而影响到记忆的编码、存储和检索过程。研究表明，睡眠不足或中断的睡眠会对记忆的形成和保持产生负面影响，所有孩子都应该在晚上10:30之前进入深度睡眠状态，从而不影响第二天的专注力和记忆力。

◎反应力影响

睡眠是身体恢复和修复的重要过程，对身体和大脑的功能调节至关重要。长时间睡眠障碍可能导致昼夜节律紊乱、睡眠剥夺和睡眠质量下降，进而影响个体的警觉性和反应能力。睡眠不足会导致注意力不集中、反应迟缓、工作记忆受损和判断力下降，可能对日常生活、工作和学习产生负面影响。

长时间睡眠障碍对记忆力和反应力的具体影响可能因个体而异，这取决于睡眠问题的严重程度、持续时间和个体的整体健康状况。然而，良好的睡眠是促进记忆和反应力的重要因素之一，因此，有孩子长期睡眠质量不好，家长就应该去寻找治疗和改善睡眠质量的方法。包括建立健康的睡眠习惯、创造良好的睡眠环境、调整生活方式，必要时咨询专业医生或睡眠专家的建议。

4.有毒环境的深度影响

现代生活中存在许多人造化学品和污染物，它们可能对大脑产生有害影响。食物中的添加剂、空气中的污染物及水中的有害物质都已被证明会降低智商、损害脑细胞，并增加患阿尔茨海默病的风险。保持健康的环境和饮食习惯，减少接触有毒环境物质的机会，对大脑健康十分重要。有毒害的物质会对人体产生非常深远的影响，一定要让孩子远离。

5.有害波的影响

身体对电磁辐射的反应可能因个体差异而有所不同。对于某些人来说，可能会对电子设备的辐射敏感，出现一些不适症状，如头痛、眼疲劳等，这种敏感性被称为电磁波过敏症（Electro-magnetic Hypersensitivity，EHS）。然而，对于大多数人来说，电磁辐射的影响仍存在争议，目前虽还没有明确的科学证据表明它对大脑产生深远影响，但仍建议孩子们适度使用电子设备，避免长时间暴露在密集的电磁场中。

第4章

懂一点大脑运作的规律，家长不累、孩子学习快

假装忙碌的大脑，家长可以帮孩子做5件事

在学校里，我们经常会遇到那种看似非常用功的同学，他们每天都早早来到学校，最后一个离开，上课认真做笔记，下课也不停地复习，给人一种特别努力的感觉。然而，他们的成绩却总是不理想。长大进入职场后，也会遇到类似的情况。事实上，我们需要了解很多大脑运作的细节，才能知道孩子哪些学习行为是对的，哪些学习习惯是错的。

很多孩子都会面临这样的情况：暑假来了，计划好今天上午要写作业，但被电脑突然弹出的信息吸引了注意力，然后就转去看新闻；刚看完新闻准备继续写作业，手机微信又收到一条消息，虽然知道会分心，但还是会控制不住去点击它；刚准备关闭微信，发现朋友圈有个红点，于是又点了进去，花了一些时间刷着刷着笑了出来；接着看到一条励志的朋友圈，才突然意识到自己的作业可能还没有开始写。此时已经到了午饭时间，于是心里想着先吃饱了再

写作业，结果开始刷短视频等待外卖。这个场景很熟悉吧？因为这是许多人都面临的问题——大脑被迫经常假装忙碌，导致了注意力下降。

有人认为那些善于同时处理多个任务的人在过滤信息、切换任务和记忆方面会更出色。然而，斯坦福的一项研究表明事实恰恰相反：当我们同时处理邮件、听新闻，甚至时不时拿起手机查看信息时，大脑实际上是被迫进行“资源争夺”。尽管世界上有许多非凡之人在大脑各区域之间的信息传递和协同能力上非常出色，但对于普通人来说，每天这样分散大脑注意力的行为只会使大脑在处理信息时变得更慢，能够记录的信息也会越来越少。

“聚精会神”“专心致志”等都是“注意力”的表现。由于“注意力”是一种能量集中的过程，因此孩子们集中“注意力”的时间是有限的。在有限的时间内完成学习任务，有效提高学习效率，才能让我们有足够的时间去休息和活动，从而使身心健康。

当我们专注于某个过程时，就会形成一个“注意点”。如果注意点很多，就会变成“多点注意”；或者在某个时间段内有多个事件需要关注，也会形成“多点注意”。“多点注意”会导致个体精力不足，注意力涣散。如果总是“多点注意”，有些人可能逐渐出现失眠、焦虑抑郁等情绪问题。因此，我们需要减少分心，集中注意力。

那些对连续5分钟集中注意力都感到困难的人，可能连稍微长一点的视频都没有耐心看完，更不用说一节45分钟的课堂。这样的学生看起来总是很忙碌，但一天过去了，实际上效率却很低。很多人以为自己能像电脑一样同时处理多个任务，但你知道吗，电脑的CPU也并不是真的同时处理多个任务。它只是能够以更快的速度轮流处理单个任务，这和我们大脑的运作方式也是相似的。大脑想要同时执行多个任务是不可能的，必须先完成一个任务，然后再切换到另一个任务。

电脑和大脑之间最大的区别在于，电脑切换一个任务只需要一瞬间，而大脑需要20分钟的时间。因此，如果经常切换任务，大脑的工作效率就会大大降低。因此，要提高学习效率，必须避免这种不停切换大脑的工作状态。需要将时间划分为一段一段的，每一段时间只专注于一件事情。这就是为什么一些减肥营或记忆力培训营会采用沉浸式、封闭式的方式进行，因为在某个时间段内输入的信息是相关或一致的，大脑无须来回切换，也没有其他事物的干扰，大脑的思考效率和最终结果就会提高。因此，请不要让孩子们的大脑再假装忙碌了。家长们可以有针对性地帮一下孩子：

1.规划时间：合理安排每天的时间，将任务拆分成一个个的时间段，在每段时间内专注做一件事情。

2.减少干扰：尽量减少外界干扰，比如关闭手机通知、整理工作环境等。

3.增强注意力：通过专注力、记忆力等训练，以及体能锻炼，提高自己集中注意力的能力，逐渐延长集中注意力的时间。

4.沉浸式学习：在某段时间内，采取沉浸式学习的方式，将相关的信息集中在一起，避免大脑频繁切换。

5.休息与调节：合理安排休息时间，给大脑充分的休息，保持身心健康。

在学习过程中，我们可以采取一些策略来提高专注力。例如，在阅读和学习时，边看边写，或用荧光笔做标记，可以提升触觉通道，让大脑更加专注。如果条件允许，可以大声朗读标记的内容，以利用视觉、听觉和触觉等多个感官通道。同时，排除内外干扰，创造心流状态，也有助于提高专注力。静心冥想练习也是一种有效的方法，可以提高专注力，帮助记忆并提高效率。

被消耗的注意力，家长要让孩子避开的2个错误

现在的孩子们，其实是生活在一个特别费脑且消耗注意力的时代。为什么这么说？看看街道上、地铁里的人，我们身边所有人的大脑几乎都被智能手机所占领。孩子们的生活中也充斥着各种各样的电子设备。这种消耗具体体现在我们不断地刷短视频、刷朋友圈等，孩子们还会玩手游、互联网游戏。这种“一刷一两个小时不知不觉就过去了”的体验，相信不是一个人有。即使下意识告诉自己要关掉这个手机应用，但还是会不由自主，甚至完全没有意识地再次打开。这就是典型的“行为上瘾”。这种“行为上瘾”其实并不是因为我们缺乏意志力，而是每一个App和游戏的发明目的就是要抢占我们的注意力和时间。而这些App和游戏就这样在我们无意识、猝不及防的情况下，收割了我们的注意力。

大脑对于时间的感知是通过很多个脑区协同控制的，当新的信息进入大脑的时候，需要更长的时间来处理，处理的时间越长，我

们对这段时间的感知就越长。反之，我们每天重复做已知的事情，不需要大脑处理，时间就会过得很快。

你知道自己其实可以拥有控制时间的能力吗？为什么有的人那么努力，效率却越来越低？

这里，我们就用脑科学讲讲怎么把时间变多。我们的大脑会记录更多的细节，在我们年轻的时候，世界上的一切都那么新鲜有趣，很多的新片段新信息被搜集到大脑里，我们的大脑会用更长的时间来处理这些信息，我们就会觉得时间很长。随着年龄增长，每天都过着同样的生活，没有那么多新鲜事需要大脑处理，这些一成不变的信息处理起来就会越来越快，我们也会感觉时间走得越来越快。

我们对时间的感知有两种类型：前瞻性感知和回顾性感知。

用大脑预测接下来会发生什么的时候，我们会特别投入，大脑不会去关注时间，它就会过得很快。但是在事情发生了以后，进入回顾性感知阶段，就会因为特别投入专注力，大脑里积累了很多的片段和信息，我们就会感觉那段时间很长。这也就是为什么假期过得快，但回想起来又觉得很长；平时无聊的生活就感觉过得很慢，一转眼一年过去了，又好像什么也没有发生。

那么，怎么做才能利用好自己的大脑，让我们感觉拥有更多的时间？首先，就是要让自己沉浸在当下做的事情，越享受就越专注，大脑就会记录越多的片段时间，也会感觉时间越长。当我们沉浸在极度专注的心流状态，效率和创造力都会达到顶峰。在这个时候，我们会忘记时间，忘记一切杂念。如下图所示：

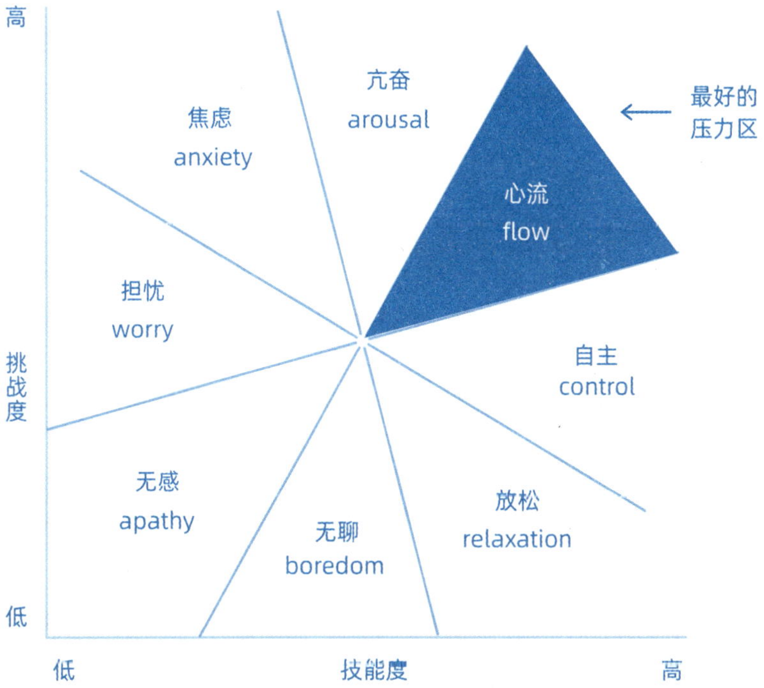

压力区域图

上面这张图可以很清楚地告诉大家，心流状态需要我们在技能和挑战度双高的情况下才会发生。可为什么，还是会有很多人抱怨：我每天都有那么多的事要做，同时干几件事都做不完，怎么办？

其实，绝大多数人犯了以下两个错误：

第一，因为事情多，用了很多注意力，在时间上越想越觉得自己时间不够用，而时间这个东西就怕短，这种分散时间就会让我们很难专注在自己做的事情上。

第二，一心多用其实就是一个巨大的陷阱。世界上很多牛人，在大脑各区之间信息传递和协同的能力超强，但是绝大部分的普通人每天这样“分裂”大脑，大脑专注处理信息的能力就会变慢，大脑记录的信息就越少，记忆力反而会变差。

时间规划，提升孩子大脑潜能的4个维度

首先，我们给家长们出一个选择题：

今天，你需要给孩子安排4个小时学习时间，下面两个学习安排，你是选择1还是2？当然，每学习1小时中间会休息10分钟。

1.安排孩子每1小时换一个科目学习。

2.让孩子4个小时只学习一个科目。

在过去的7年中，我们在近千场的家长大讲堂上做过分享，每次问到这个问题，绝大部分家长都会选择1，很少部分家长会选择2。

因为过去旧有的思维模式告诉我们，孩子长时间学习一个科目会产生逆反心理，也就是常说的“学腻了”，因此需要经常换科目，让孩子更有兴趣开始新一轮学习，这也是学校的学习模式。在学校，为了植入新课程新知识，为了提升孩子的专注力和维持老师的轮班制度，我们一般设定45分钟为一节课。这并没有问题，但是如果寒暑假有机会自己学习的时候，专业的老师还是会建议孩子选择第2种学习安排。

世界知名神经教育学家史蒂夫·马森（Steve Masson）就提出：

“想要大脑发生变化，首先需要激活它，这是神经可塑性最重要的法则，也是一切学习过程的基础。”学习就是改变神经元相互连接的方式。大脑每时每刻都在调整神经元之间的连接，从而完成学习的过程，但是神经元与神经元之间的连接是否成功，才决定我们是否学会。

学习是一种刺激，一段学习结束，应该是建立一个神经连接才对。通过科学观测我们可以知道，学习10分钟之后的神经元结构明显没有连接上。而经过2个小时学习后，新生长的神经元的树突已经延长并向中间的神经元靠近。在学习4个小时的时候，新的神经连接已经建立。也就是说，这个科目的新知识已经与旧知识体系实现了打通，也建立了完整的神经元链路，知识也不容易被忘记了。当未来在考试或者遇到难度高的问题时，孩子大脑会快速找到相对应连接的神经元，成功提取相关知识，这也意味着孩子这部分的测试成绩会非常稳定。

这就是所有的好学生考试都稳定的原因。新题目如果可以快速与已知知识联络上，那这道题就会迎刃而解。如果这个孩子今天心情不好，或者早上和妈妈吵了一架，带着负能量去了学校，专注力会受到影响，专注力影响记忆力，记忆力又会影响阅读力，这个时候如果遇上考试，不稳定的心态就会影响知识输出的稳定性，很有可能看似简单的题目却做错了。所以稳定的脑力状态与稳定的情绪息息相关。

这个原理也告诉我们，不能把孩子的学习时间打得太零碎了。一、二年级的小朋友的专注力还处在不能自主控制的阶段，基本上深度专注的时间是25分钟左右，这个阶段的家长可以在30分钟左右给孩子换个科目学习。对于较高年龄段的学生来说，在寒暑假建议每科目学习要超过3个小时以上，当然学习中间可以休息，但是不换科目。只有超过3个小时的学习或者训练，大脑才给“配速”。通俗地讲，大脑发现我们一直在做一件事情，会给我们搭建起更多稳定的神经元链路，并让专注、记忆、理解等环节的处理速度更快，从而让孩子进入沉浸式的学习状态，进而提升学习效率。

活跃而又健康的大脑，可以让孩子出类拔萃、与众不同。主要表现在以下几个方面：

◎ 学习能力提升：活跃的大脑让孩子更具学习能力，能够更快速地吸收和理解每天学习的新知识。高敏感度的大脑能够更敏锐地捕捉到阅读与题目中的信息和细节，从而加深对学习内容的理解和记忆。

◎ 创造力和创新能力提升：活跃的大脑能够激发创造力和创新思维，帮助孩子在面对问题和挑战时找到独特的解决方案。保持旺盛的生命力能让孩子对学习更有精力和热情，这样的孩子会在艰苦的学习过程中找到快乐与自在，这是素质教育过程中孩子最需要的能力。

◎ 认知功能增强：通过保持大脑的活跃性和高敏感度，孩子的认知功能可以得到增强，包括注意力、记忆力、逻辑思维、问题解决能力等。这些都是学习必备能力，若没有增强这些能力，再努力也是在做无用功。

◎ 心理健康和幸福感提升：活跃的大脑和旺盛的生命力有助于

减轻压力、焦虑和抑郁等负面情绪，提升心理健康和幸福感，不做“脆皮宝宝”。

提升大脑潜能，可以提高孩子学习效率，增强记忆力，培养创造力和创新思维，提升问题解决能力，并能增强自信心和积极心态。因此，为了孩子的全面发展和学习成效，我们应该重视和致力于提升大脑活跃度，激发和提升他们的大脑潜能。

大脑喜欢的3种治愈方法

人感到被治愈的时候，脑力与情绪都会更加稳定。下面，我们就给大家介绍3种治愈大脑的方法：

第一种，好好睡觉，让大脑皮质整体休息。

“睡觉”是最简单、最实用的治疗方法。人在清醒活动时的脑波叫做β波，而在睡觉的时候，是从β波（14—30赫兹）到α波（8—13赫兹），再到θ波（4—7赫兹），慢慢地变得越来越慢，最后降到δ波（1—3赫兹）。人在睡觉时，外部信息流入通道被切断，大脑皮质整体就得到了休息。

第二种，冥想/静坐激活大脑皮质。

这是一个与第一种完全相反的方法。通过激活大脑的血清素能神经，让整个大脑皮质处在某种特殊的状态下。这种特殊的状态，就是释放出α脑波的状态。α波是人在放松状态下的脑波，实际上，α波还分慢α波和快α波，其性质是大不相同的。

人在睡觉时出现的慢α波（8—10赫兹），冥想时出现的是快α波（10—13赫兹）。这种快α波才是能带来治愈效果的α脑波，我们感觉到的是神清气爽，而不是慢α波出现时的放松感。神清气爽的感觉，往往意味着血清素能神经被有效激活，进而促使大脑皮质达到一种清醒与活力的状态。在这种状态下，能够摆脱沉重的抑郁情绪，重新焕发活力，焦虑不安的人也能找回内心的宁静与安定。

第三种，眼泪治疗。

眼泪可以洗去孩子们的身心压力，是他们释放情绪的高效方法。当交感神经的紧张得到解放时，所流的眼泪能带来治愈身心的效果。需要注意的是，眼泪的治疗效果通常是针对情绪和眼部健康的短期效应，而不是用于治疗严重的身心疾病。总之，眼泪在情绪宣泄和眼部保护方面确实具有一定的积极效果。当孩子哭的时候，很多家长的反应是："我数3个数，憋回去""有什么好哭的，我小时候遇到这样的问题就不会哭"等。其实哭是孩子释放情绪非常好的方式，尤其是无助的小宝贝。当孩子哭的时候，家长最好的方式就是静默与等待，等待孩子激动的情绪缓和后，与之好好沟通，告诉孩子："你可以哭，但这不是解决问题的最好方法。"家长的价值就是给孩子解决问题的方法与细节，而不是说一句"不许哭！"来阻断孩子的情绪出口。

第5章

陪孩子跨越叛逆，激活大脑，提升学习驱动力

亲子关系是引领孩子高效成长与发展的重要桥梁。无论是在孩子的早期发育阶段，还是在他们渐渐走向青春期的过程中，亲子关系都扮演着举足轻重的角色。家庭成员间的日常互动和情感交流，不仅为孩子提供了安全感与依靠，更是一种有益的刺激，可以激活他们大脑的各个区域。

家长这个职业是终身制。如何成为合格的父母，如何与孩子共同快乐成长，都是学问。让我们走入孩子内心，与孩子一起平静而又快乐地度过叛逆期。

了解5个表现和5个特点，陪孩子顺利度过叛逆期

你会闭着眼睛过河吗？会不打开导航就去远方吗？当然不会。那么，家长怎么可以“闭着眼睛”教育孩子呢？

想要顺利地与孩子一起度过叛逆期，家长必须学习，要深度了解孩子的心理与生理变化过程，走入他们的世界。

本来学习成绩还不错的儿子，突然成绩下滑到班里倒数。妈妈

很焦虑！

有一天晚上，临近午夜，儿子作业还没写完就想睡觉，妈妈就守在一旁不让睡。妈妈每天都这样守着孩子怕他去打游戏或者看小说。这晚妈妈和儿子之间爆发了剧烈争吵，盛怒之下，儿子扬手不小心将一杯热水泼到了妈妈脸上，妈妈的半边脸被烫起了泡……当晚，孩子爸爸打了儿子两个耳光，说后悔生了他，扬言要再生一个。

这次事件以后，儿子非但没有悔改，反而变本加厉，甚至开始逃学，多次被妈妈在网吧抓个正着。

有一天夜里，妈妈半夜起床看到儿子站在窗户旁边，怕他有了轻生念头，最后只能辞职做起了全职妈妈。每天接送他上下学，严格看管他的行为。

眼看着曾经志得意满的儿子如今这般叛逆，妈妈整天以泪洗面，请求儿子回到考大学的“正常轨道”，然而儿子给妈妈撂下一句：“你不要再管我了，就当你从来没有生下过我这个儿子！”

妈妈非常难过，自认为对孩子关怀备至，尽其可能为孩子营造良好的生活环境、学习条件，却不知道怎么解决这个问题。

这样的案例让人痛心疾首。那么，孩子进入了青春叛逆期，会有什么样的表现呢？这需要我们每一个家长提前学习，好及时辨别，同时准备应对之策。

青春叛逆期有以下表现：

1.孩子可能对大人的话产生怀疑，对批评产生反感甚至激烈反应。

2.孩子可能故意与父母唱反调，不理睬或反抗父母。

3.孩子可能对家长重复叮嘱同一事情感到厌烦。

4.孩子可能成绩下滑，对学习产生厌恶和抗拒。

5.孩子情绪波动可能较大，容易与其他孩子发生冲突。

家长要提前了解青春期叛逆的特点：

1.通常11岁左右开始，14岁左右达到高峰。

2.男生比女生更容易表现出叛逆性格。

3.成绩较差的学生更可能叛逆。

4.家长与孩子或老师与学生之间的冲突是常见诱因。

5.叛逆青少年可能不顾后果，做出极端行为，如沉迷网络、流浪乞讨、赌博或违法犯罪。

青春期本身是美好的，代表孩子进入了新的人生阶段。青春期并不等于叛逆期，也不意味着是灾难的到来。家长要做的是提前调整好心态，不管是急风骤雨，还是微风细雨，都可以帮孩子和家庭顺利无伤地度过这段时光。

3个叛逆期，也是孩子大脑的快速成长期

人往往会经历3个叛逆期，父母应该用不同的方法沟通，巧妙地陪伴孩子度过人生的这3个特殊时段。

需要提醒的是，很多家长只关注孩子的“青春叛逆期”，却不知道这个时段特别叛逆的孩子，是因为前一阶段的叛逆期没有过渡

好，才最终在青春叛逆期大爆发。

2—3岁是人生第一个叛逆期，称为“婴儿叛逆期”。

“Terrible”2和“Horrible”3的意思是“可怕的”两岁和“糟糕的”三岁，是形容2—3岁孩子叛逆期的常见说法。在这个阶段，孩子开始形成自我意识，但还不懂得如何正确表达自己的想法或者说出想要的东西，因此常常通过哭闹不止、撒泼打滚、大声喊叫等方式来表达自己的不满。家长在面对孩子的叛逆行为时，需要保持温和与理解，同时设定一些必要的界限，以帮助孩子建立良好的行为习惯。通过耐心的陪伴和引导，孩子的暴躁和暴力行为会逐渐消失，取而代之的是更加成熟和理智的行为方式。家长在面对孩子的叛逆期时，需要保持耐心和理解，同时也要给予孩子适当的关注和引导，帮助他们建立良好的自我意识和行为习惯。

这个阶段，孩子的脑力主要集中在感知和运动发展上。他们开始学习认知对象、掌握语言交流方法，并逐渐形成自己的意见和立场。家长如果不能读懂孩子的需求，与孩子产生冲突，可能会影响孩子的情绪稳定和语言表达能力的发展。

6—8岁是人生第二个叛逆期，称为“儿童叛逆期”。

随着孩子年龄的增长，他们的社交能力开始得到充分的发展。在这个阶段，孩子开始觉得自己是个小大人，喜欢自己决定做什么、去哪里、吃什么等，极力挣脱父母“爱的控制”。孩子可能会变得非常喜欢跟大人唱反调，这是他们表达自我意识和独立意识的方式。父母在面对孩子的这种行为时，可以适当放权、放松，话语内容要柔和并充满正能量，让孩子自主选择，这样孩子会感到被尊重和肯定。通过适当的放权和引导，孩子可以学会独立思考和自我决策，同时也能够建立良好的自我意识和社交能力。父母在放权的同时，也需要给予孩子适当的关注和引导，帮助他们建立正确的价值观和行为习惯。在这个阶段，孩子的大脑发展进入了一种快速成长的阶段。他们开始具备抽象思维的能力，逐渐形成自我认知和社会认同。在学习能力方面，他们开始培养逻辑思考和解决问题的能力。如果家长与孩子频繁发生冲突，可能会影响孩子的自我认知和社交能力的发展。

11—16岁是孩子的第三个叛逆期，也是家长们经常一起探讨的“青春叛逆期”。

这个阶段的孩子非常容易受同龄同伴的影响去做出挑战，总想告诉世界自己与众不同。当我们从不同的角度去理解孩子的叛逆行为时，我们可能会发现它并不是一件坏事。叛逆是孩子成长过程中的一个自然行为，它反映了孩子正在形成自己的独立思考和自我意识。与其试图控制孩子的叛逆行为，不如学会欣赏和理解它，这样可以帮助我们更好地引导孩子的成长。通过欣赏和理解孩子的叛逆行为，我们可以更好地理解孩子的需求和想法，从而更好地引导他们的成长。叛逆行为也可以被视为孩子成长过程中的一种积极表现，它表明孩子正在探索自我和建立自我意识。通过欣赏和理解孩子的行为，可以帮助孩子建立更加健康和积极的自我意识，同时也能够更好地引导他们的成长和发展。

这个阶段的青少年的大脑发展出现了重要的变化，特别是在前额叶皮层的发育上。他们开始发展更高级的认知能力，如规划、决策和批判性思维。在学习能力方面，他们具备了更好的记忆、理解和推理能力，可以进行更深入的学习和思考。如果家长无法理解他们的行为，并频繁与他们产生冲突，可能会阻碍他们发展批判性思维和自主学习的能力。

叛逆期是孩子成长过程中的一个暂时阶段，不会持续太久。尽管叛逆可能会带来一些挣扎和痛苦，但它是孩子成长过程中不可或缺的一部分。通过经历叛逆，孩子可以学会独立思考和自我决策，从而逐渐成为一个心智成熟的人。通过适当的引导和支持，父母可以帮助孩子顺利度过叛逆期，从而成为一个更加成熟和独立的人。也许孩子的叛逆不会瞬间消失，但当父母读懂了孩子，孩子也会变得更懂父母。其中的关键，在于父母要看懂叛逆行为背后的需求。想让孩子尊重父母，首先要变成让孩子尊重的父母。用心感受孩子的变化后，家长会更了解孩子。

我们总结了一些比较实用的经验和办法，可以帮助家长对孩子的表现进行正确解读，了解孩子的成长。

第一和第二个阶段叛逆期孩子的内心独白：

（1）我已经长大了，我行。

（2）为什么你能，我不能？

（3）试探家长的底线。

（4）求关注，家长、老师、同学的关注。

（5）我在表达我的观点，有人听吗？

相对第三个阶段的叛逆，第一阶段和第二阶段父母一般感觉协调起来没有那么吃力。

第三个阶段，也就是青春叛逆期，由于青少年在身体和认知上的发展都更加趋近成年人，他们对父母的逆反意识也会更加直接地通过言语和肢体动作表达出来，也就更容易让父母感觉受到攻击。

有些父母难以接受孩子的攻击性，可能会用严厉的言辞回应，比如“闭嘴”“不能和父母顶嘴”。父母用这样的处理手段，在潜意识层面上实际是父母对孩子实施的“报复”，是一种非常不恰当的教育方式。

我们要陪伴孩子跨越叛逆期，一定要了解孩子在这个时期的发展特征。在青春期阶段，孩子的大脑会得到丰富的刺激与高效的提升。而且，叛逆也不一定都是坏处，好处也很多。我们来看看孩子叛逆带来的益处：

（1）是生理成熟的表现；

（2）是思维力提升的表现；

（3）让孩子视野开阔，更有主见；

（4）让孩子变得勇敢；

（5）让孩子发泄不良情绪；

（6）让孩子调整人际关系；

（7）让孩子拥有独立意识。

当然，叛逆期的很多亲子冲突，最开始的表现都是“语言”上的对抗，比如这个阶段的孩子会突然说出一些之前没说过的、对于家长来说不太“顺耳”的话。家长不理解、不接受，进而对其训斥或发泄情绪，亲子矛盾就更深了。

现在，我们冷静下来，从专业角度来解读一下孩子“对抗”背后的“画外音”：

◎ “我已经长大了，我能行”——对自我认知的深度探求。

◎ “为什么我不能，而你能”，例如“为什么你能玩手机，我不能，为什么你能骂我打我，我不能”等——这是在挑战权威，探求自我的存在。

◎ “妈妈，我不想上学了 ”——试探家长的底线，挑战底线，重塑自我认知。

◎ “这次旅行我来安排，我说了算”——提升自我价值和存在感，寻求家庭与社会地位。

◎ “你们不能再强迫我做任何事情”——充分表达自己的观点，让更多的人了解自己，对外宣告我已经是个“成年人”了。

读懂孩子稚嫩的情绪化的语言，走进孩子真实的内心世界，不是一朝一夕就可以做到的。家长首先要做到的就是尊重孩子，有更多的耐心，用理性和包容的心态去沟通，才能让孩子把家长当朋友和最棒的父母，构建良性沟通的原生家庭。人与人之间的好感都是相互的，如果父母都不会好好与孩子说话，凭什么要求孩子与家长好好说话呢，毕竟相较于未成年的孩子，心智更成熟、更有沟通经验的是家长。

最后，生活当中无论多么累多么烦，都不要把孩子当成撒气的工具。教育从来没有“万能灵药”或者“武林秘籍”。只有家长自己先学会放松，让内心柔软起来，看见自己，看见孩子，看清情形，才能找到读懂孩子的“说明书”。

与叛逆期的孩子沟通，家长要避开2个误区，学会5句话

“孩子不听话。”“不知道孩子在想什么。”“对自己的孩子不了解。”

生活中经常听到一些家长这样说。作为父母，如果不理解孩子，不了解孩子的内心情况，就无法与孩子进行有效的沟通与教育。尤其当孩子进入叛逆期，家长就会感到很无奈，甚至完全无法走入孩子的内心世界。

那么，如何做到与叛逆期的孩子平静而又快乐的沟通呢？我们建议家长先做一个认真的倾听者。一个明智的家长要做到少说话、多倾听，尤其是不要急于对孩子的话下一些终结性的判断。

家长经常踩的两个误区：

误区一：全面打击。

有些家长在面对孩子的叛逆行为时，可能会采取强硬的措施，例如用打骂压制孩子的“邪劲”。然而，这种做法可能会让孩子表面上变得听话，但实际上已经关闭了与父母沟通的大门。这种做法不仅不能解决问题，反而可能加剧孩子的叛逆情绪，导致亲子关系恶化，甚至还可能使孩子误入歧途，跌进犯罪的深渊。

误区二：放任自流。

在教育孩子的过程中，一些家长可能会在多次尝试管教孩子后，发现效果并不明显，从而失去信心，变成另一个极端，就是开始对孩子放任自流。他们不再关心孩子的言行和想法，甚至还会“泼冷水”“给脸子”，不再给予指导和帮助。然而，这种做法可能会导致孩子行为发生偏差，最终影响孩子的一生。

如何与叛逆期的孩子进行正向沟通，慢慢走入孩子的内心，是所有家长都需要关注的一门课程。很多家长在这里学学、那里学学，可是在沟通的时候还是忍不住会发泄自己的情绪，是因为大家没有掌握正确的方法，没有让爱不加条件。

想想我们的宝贝刚刚出生的时候，嫩嫩的小脸，牙牙学语，靠在你肩头睡觉的样子，那个时候的爸爸妈妈们肯定都会这么想：我不要求宝贝多么成功，只要他快乐幸福就好。

可现在呢？要做一个好人，要做一个好学生，要做一个比妈妈爸爸都要成功的人，未来要考985、211院校，未来要找份好工作，要娶个好媳妇或找个好老公，要生个孙子/孙女，等等。回想当初，初为人父母时，曾经对自家小宝宝的初心和希冀都去哪儿了？

其实，在家长眼中，孩子的一些“不合格”的表现，正是源于家长一些“不合格”的教育方式。这是我们总结出来的、孩子最反感父母的4类行为，看看有多少家长中了招：

（1）“催催催”类型，催睡觉、催刷牙、催写作业。

（2）“说说说”类型，只会说，从不跟孩子共同面对和承担。

（3）“吼吼吼”类型，吼吃吼睡吼学习，遇到问题，从不好好说话，就是吼，吼只会让孩子失去自信，产生自卑。

（4）“打打打”类型，孩子让家长不如意的时候，直接就打。

催、说、吼、打出来的孩子，能不叛逆吗？其实只要说话模式稍微转换，孩子就会感知到并愿意改变，因为在所有孩子的内心，父母是永远的最爱和靠山。

这样的5句话是孩子最爱听的话。看看爸爸妈妈们都说过几句：

（1）爸爸妈妈也会犯错，希望你能帮我指出来。

（2）要对自己有信心，你很棒！很多细节你做得比我们都好。

（3）我喜欢你开心的样子。

（4）对不起，是我误解你了。

（5）你说得有道理，接着往下说。

看看，做一个让孩子喜欢的父母，其实也没有那么难。如果在生活中，对自家孩子说这些话，家长们还不太习惯，那么可以打印出来在家经常照着练一练。这些话在改善亲子关系方面，或许会让你收到意想不到的、皆大欢喜的效果。

当然，还有一些具体的教育和沟通细节需要注意。下面，我们继续深入了解一下不同场景中与孩子相处时，家长可以拿来用的一些表达技巧。

1.在与孩子沟通的时候，要注意用词语气。

例如：要求孩子在放学后不要在外面玩耍，要按时回家。

错误说法：“放学后不要和外面其他小朋友玩，一定要马上回家呀宝贝！”——听到这句话，孩子马上感觉家长正在限制他，孩子放学后一点点的小自由都没有了，感觉不到尊重必然产生逆反心理。

正确说法：“放学后你不按时回家，妈妈会担心的！如果一定要和哪个小朋友玩儿，一定要提前告诉妈妈哦！”——稍微转变一下，孩子就会感受到父母的关心，比较容易接受父母的意见。

在教育孩子时，一些家长可能会絮絮叨叨、喋喋不休，而不考虑孩子是否有兴趣听，或者是否能够理解他们所讲的内容。尤其是一、二年级的小朋友，家长的长篇大论会导致孩子逐渐对父母的话充耳不闻，失去与父母沟通的兴趣和意愿。导致在叛逆期家长一张嘴，孩子就烦了，也根本听不进去讲的啥，这样的沟通怎么可能有效果。

2.如何夸奖孩子？

夸孩子也是一门技术活，要夸得及时，夸得准确，夸得分寸到位，夸得顺其自然，也不是易事。这个方面，我们可以给到一些具体可行的方法。比如，家长和叛逆期的孩子说话不能空洞，不然他们的小脑瓜就开始转动了：“妈妈到底什么意思？”所以简单的夸奖：“宝贝，你真棒真聪明！”在这个时期基本无效。

有很多家长非常善于夸奖孩子，有的天赋异禀，有的非常用心，我们也整理了他们的一些富有智慧的小诀窍。大家试试可以这么说：

◎ 这个办法真好，你是怎么想出来的？以后有事妈妈/爸爸就找你了！

让孩子感觉父母很信任他，并产生对他的依赖了，他就会越来越有担当。

◎ 今天作业写得很工整。最近你的学习状态真好！

夸的是态度。定期肯定孩子，可以帮助孩子控制情绪和缓解压力。

◎ 最近学校有什么开心的事情，和我分享一下。

打造父母与孩子的私人时间，让孩子愿意分享内心的故事，养成与父母分享内心世界的习惯，对于叛逆期的孩子特别有帮助。

◎ 周末咱们去哪里玩儿，你选个地方吧。你们年轻人去的地方好玩儿！

让孩子参与家庭管理，深度融入家庭生活。

◎ 孩子考试语文58分，数学70分。

父母应该说，宝贝，数学方面你很有天赋，加油，可以更棒。语文一步一步来，日积月累就好了。

不要再给孩子压力，每次考试结果不好，最难过的一定是孩子。良好的抚慰对之后的学习有辅助作用。

最后还有个杀手锏，就是在夸奖孩子的时候，可以找出自己的问题做对比。家长要有勇气向孩子请教，有勇气承认自己的过失。比如，“宝贝，上次妈妈说你天天在厨房偷吃，是妈妈错了，其实你是怕弄脏地板所以才去厨房吃的。以后你就在屋子里吃，妈妈给你收拾就行。”如果孩子听到了这些，心里就会甜滋滋的。

总之，提醒每一个家长切记：请认真对待跟孩子说的每一句话，不要让孩子成为家长情绪的出口。

叛逆期的孩子心里在想什么？

青春期叛逆是孩子正常的发展表现，但是叛逆并不能解释一切，如何区分"正常发展中的叛逆"和"有心理问题"，对于家长来说非常重要。

那么，孩子们的内心世界到底是什么样的？他们是怎么看待父母和亲子关系的？

◎ 孩子说的最多的就是感觉不到妈妈和爸爸的爱。很多叛逆期的孩子可以一周不与父母对话，更别说深度沟通了。这是多么可怕的事情呀！孩子觉得身边的朋友更好，或者一个普通的朋友都比父母对他好。事实是这样的吗？当然不是，是家长给孩子的爱在沟通过程中被磨灭了。

◎ 当老师问："你能说出父母的3个优点吗？"很多孩子想了半天都说不出来。家长自认为是孩子的骄傲和榜样，可在孩子眼里家长却什么都不是，因为家长没有走入孩子的内心。这其实也是因为沟通出现了淤堵。

◎ 很多家长对孩子天天玩游戏和依赖手机这类电子设备抱怨很多；殊不知，在孩子的眼里，家长也是一回到家就拿起手机刷刷刷，从不好好说话。这时，孩子就免不了会觉得"为什么你能看我就不能看"，产生不公平感。因此，当家长再要求孩子不看手机时，他们就会心生厌烦。

◎ 孩子最讨厌父母总拿自己和别人家孩子做对比。换个角度想，孩子并没有拿自己的家长和其他家长做对比，不是吗？如果孩子拿自己家长的学历、工作之类的和其他家长比，也未必比得过呀，他们比的是父母有没有陪伴他，有没有真正无条件地爱他。

其实，在孩子的青春叛逆期里，家长的忧虑和孩子的抱怨很多时候都是相同的事情。家长们活在自己的世界里，孩子们也活在他们的世界里，两个世界好像感受不到彼此的爱意，都在较着劲。但实际上，只要家长用对方法，走进孩子的内心世界，理解与尊重他们，那么很多问题都可迎刃而解。对于正常发展的叛逆，家长需要懂得包容，允许孩子在适当的叛逆行为中发展出自主性；而对于孩子的心理问题，家长需要及时帮助孩子，避免心理问题日趋严重。

叛逆期孩子厌学、成绩下滑，家长怎么办？

很多叛逆期的孩子成绩下滑，主要原因大多是孩子进入叛逆期之后，独立心、自尊心空前强烈。面对说教、唠叨，孩子就会觉得父母是在控制自己，他们的自尊心受到了伤害，所以就用不听、不学、离家出走等方式反抗。

其实，孩子能否接受家长的教育，取决于孩子在内心如何看待家长。如果孩子感到厌烦，不想接受家长的引导，或者已经瞧不起家长了，这种情况下家长越努力教育越没用，反而会让他们加快出现厌学情绪。

如果孩子有以下这些表现，说明他们已经处于厌学状态了。

（1）对学习缺乏热情，将学习视为一种负担，而不是一种乐趣或成长的机会。他们往往被动地完成作业，而不是主动地去探索和学习。

（2）将学习视为一种痛苦的经历，缺乏责任感和认真的态度。他们可能会马虎、草率地完成作业，而不是投入时间和精力去做好。

（3）行为散漫，经常迟到或旷课，甚至逃学。在一些极端的情况下，他们可能会考虑辍学。

（4）对学习的目的感到困惑，甚至对书籍、老师和学校产生厌恶感。他们可能不明白为什么要学习，或者认为学习对他们的未来没有帮助。

（5）一提到上学就感到恶心、头昏，甚至脾气暴躁、情绪失控。这可能是由于他们在学习上感到有压力和焦虑，或者是因为他们对学校的某些方面感到不满。

很多家长看到孩子不爱学习，成绩下降，就会选择报很多补习班。强迫孩子去补习班也是特别错误的一件事。那么到底该如何让孩子从厌学变成爱上学习呢?

想要孩子学习成绩好，必须有好的学习方法和学习态度。

在孩子没有好的学习方法和好的学习态度之前，盲目给孩子报补习班，就好比让孩子上战场却不让他拿枪一样，孩子将来只能当炮灰。苦了孩子不说，还有可能让孩子产生厌学心理，甚至更加讨厌学习。被家长强迫学习时，孩子就会产生叛逆心理，会认为“如果我不够优秀，爸妈就不会爱我了”“我学习不好，会成为家长的负担”。这样一来，家长越用力，孩子就离家长越远，因为孩子发现家长的爱有太多的附加条件，自己却无法满足，于是会感觉“爸妈不爱我了”。

方法一：拥有高效学习力。

每个家长都希望孩子有高效的学习力。学习力的提升，有助于实现孩子智商、情商和德商的整体提升。学习力的基础包括专注力、记忆力、阅读力、思维力和思辨力等。

对于专注力的提升，家长能做的最主要的事就是减少责备，不要吼叫，更不要絮絮叨叨重复一样的事情。这样的声音一遍一遍在孩子耳边回响，会严重影响他们的专注力。正处在叛逆期的孩子，情绪最容易不稳定，进而影响学习时的专注力和记忆力，这也常常是学习成绩下降的重要原因。

同时，好的专注力，也是提升记忆力的前提。记忆力分为瞬时记忆、短时记忆和长时记忆。孩子在课堂上的记忆属于短时记忆，要通过预习，以及用艾宾浩斯遗忘曲线[①]进行复习，从而达到长时记忆。

另外，这里还要强调阅读在整个学习过程中的重要性，尤其在叛逆期。如果在孩子早期就培养出爱阅读的好习惯，那么在叛逆期心灵无处安放的时候，孩子就可以通过读书找到出口。打造高速阅读力也是帮助叛逆期孩子提高学习成绩的一种很好的方式。

方法二：培养良好的学习态度。

孩子良好的学习态度，源自家长对待孩子的态度。

---

① 艾宾浩斯遗忘曲线由德国心理学家（H. Ebbinghaus）研究发现，描述了人类大脑对新事物遗忘的规律。

首先，家长要用心沟通。家长与孩子之间对彼此尊重非常重要。父母对孩子尊重，就会放平心态，不会感觉自己高高在上；孩子对父母尊重，也会心态平和，不容易以自我为中心。在日常生活中，“关心则乱”的家长们免不了会产生各种各样的情绪，有时情绪发生却不自知，反而受到情绪的控制，变成坏脾气的“木偶”。只有心平气和才会让沟通通向好的方向，否则还不如不沟通。

其次，家长要用脑沟通。父母与孩子之间的沟通不能永远是要求、压抑和焦虑。应该帮孩子打开思路，提升格局，让孩子想得更多更远。例如，当孩子问：“流浪汉为什么会这样，以后怎么办？”有的父母会这样回答：“流浪汉没有地方住，你要是不听话，不好好学习，你也会这样的。”孩子听到这样的话，就往往不说话了。

其实，当孩子提出问题，家长并不一定需要直接给出答案，倒是可以反问一下“你觉得为什么会这样呢？你会怎么做呢？”，之后就会发现，孩子会自主进行思考回答问题，或许有逻辑，或许没有逻辑，但长期下去，孩子就会逐渐养成自己思考问题、解决问题的习惯。

多引导孩子换位思考，让孩子自己做取舍，久而久之，孩子内心就会搭建属于自己的安全感和自我意识，而不是从父母那里被动输入。这样培养出的孩子会非常勇敢，在叛逆期也不会做出出格的事情，并能很快进入青春舒适期。

最后，家长要用“身”沟通。家长和孩子之间的沟通要善于运用肢体语言。比如身体接触，可以用手抚摸孩子的头，用眼神支持和认可，拥抱孩子让他感受到你的温暖和爱……这种润物细无声的沟通模式，会让孩子在依赖父母的同时，内心更加勇敢和坚强。当父母与孩子都把真实的爱用最简单的行为表达出来时，孩子就更愿意敞开心扉与家人沟通，彼此之间的重视与认可也会因此搭建起来。另外，家长们也要用好自己的耳朵，去倾听孩子的内心，不要经常打断孩子说话，让孩子感觉到“家是港湾”这句话的真谛。

用心、用脑、用身进行多层次沟通，会让孩子与家长建立起良好的沟通关系，孩子会顺利地度过叛逆期，健康成长。当然，这也需要在家庭中，爸爸妈妈都有同样的认知并且协同去做，才能形成积极健康的家庭氛围。

小结

随着人工智能时代的到来，在全球范围内，以往被归到“偏才”“专才”“怪才”的IT创新人才都有了用武之地。这类人被教育专家统称为X型人才。

“传统的‘A型’学生追求‘门门都A’，是外驱、守成、‘内卷’的；相较之下，‘X型’学生内驱力更强，是开放、好奇、敢于探险也敢于失败的。”中科院院士郑泉水教授在2023年10月举办的“超常儿童发展和教育研究国际研讨会暨中国超常儿童研究和教育45周年学术会议”上这样解析道，“长期以来我们的教育更关注A型人才，并且形成了一个比较封闭、慢变的系统。面对未来的挑战，我国需要发掘和培养更多具有突破性的X型人才。”

如何识别自己的孩子是A型，还是X型？这就要求我们必须先去了解孩子的脑力特色：是事事都追求完美，还是非常专注某一个方面？这样在教育的过程中才能放平心态，高效对标，因材施教，避免无谓的焦虑和随大流式的培养。作为孩子最直接的负责人，家长也可以依此提前为孩子做更合适的学业生涯和学习能力双规划。

每个大脑都有个性，每个孩子也都有专属于自己的高效学习开关，即每个孩子都有自己独特的脑力优势和学习方式。了解大脑的运作规律是家长帮助孩子激活学习脑的基础。在为孩子做学业生涯规划的同时，作为家长，还必须帮助孩子找到并且引导他们正确使用自己的优势来提高学习能力，同时培养孩子良好的学习习惯，避免日常生活中一些破坏大脑的行为。

此外，家长和孩子之间的亲子关系是激活孩子大脑的基础。在孩子成长的几个关键时期，只有建立良好的亲子关系，与孩子共同度过叛逆期，让他们爱上学习，才能真正激发孩子的学习潜能。

因此，作为父母，只有先形成正确的、科学的教育认知，再根据孩子的需求和优势，提供适合他们的学习环境和教育方式，才能帮助他们成为具有突破性的A型或X型人才。只有家长的培养方式更高效，才可以激发孩子们的学习潜能，帮助他们实现自发学习，从最底层的能力入手，让孩子们在未来能更好地迎接更多的挑战。

第二部分

现在“费妈”将来才能“省妈”，成为孩子的学能规划师

初一学生小明，在当地镇里的中学一直努力学习，但成绩却始终不尽如人意，妈妈对此非常担心。妈妈最初的做法是给孩子制订详细的学业规划，包括去城里的哪个高中，第一选择、第二选择都规划好了，上高中要搬家到城里，甚至去哪个大学也都提前规划了出来。然而，这些规划并没有显著改善小明的学习成绩。在妈妈告诉孩子未来规划的初期，孩子还有一些动力学习，可是在成绩没有明显提升后，就又恢复了之前的消极学习状态。

妈妈开始意识到，单纯追求学业规划并不能解决根本问题，而是应该先着手培养小明的底层学习能力，只有让孩子学

会学习，才能让他爱上学习，自己做的那些学业规划才会有实现的基础。

于是，妈妈决定从了解小明的学习风格开始。通过观察和与小明的交流，妈妈发现小明属于“视觉学习型”孩子。之后她又帮助小明找到了适合他学习风格的学习资源，如图书、在线教育平台等。同时也进行了大量视觉记忆训练和高效阅读提升训练。这样调整之后，小明的学习真的更加精准而又高效了。

后来，妈妈和小明一起明确了学习目标，制订了切实可行的计划，并确保合理安排时间以完成各项任务。同时，她还为小明打造了一个安静、整洁的学习空间，并鼓励他在学习之余适当休息和放松。

在帮助小明进行学习能力规划的过程中，妈妈还教会小明使用简单的时间管理表，让他能够清晰地安排每天的学习时间，并合理分配给不同的学科和任务。通过3年的努力，小明最终顺利考入当地重点高中。

在孩子成长发育的关键期，关键能力的提升是需要时间去提前规划和实践训练的。也就是说，学习能力规划既要保证学习路径正确，也要预留充足的时间，最后才是配给充分且专业的资源，三者缺一不可。孩子学能一旦规划好了，学习成绩自然就上去了，这样的规划才有价值。现在“费妈”将来才能“省妈”，你也可以成为孩子的学习能力规划师。所以，家长们，给孩子的“规划”可要尽早开始才行。

第6章

规划学业前，先规划学习能力，让孩子成为学习的主导者

有学习力的孩子，学习的目标感会很强，学什么都能一通百通，是学习真正的主导者。所以，规划学习能力是学业规划中非常重要的组成部分，目标就是帮助孩子们提高学习能力，最终提升学习效果和学业成绩。

如果想尽早把孩子打造成真正的学习高手，家长最直接最有效的手段就是帮助孩子积极进行学习能力规划，并不断优化和调整规划策略，以达到学习效率和能力发展的最佳状态。这一部分，我们会带大家了解到底什么是孩子的核心学习力，在孩子的不同年龄段如何快速提升学习力。

三天“打鱼”两天“晒网”，催着学习，学得很苦但学得不好……其实，孩子在学习过程中出现的所有问题都可以归入学习力问题。

人生获得知识和技能的过程都是学习，什么是学习力？

学习力（Learning Capacity），指的是学习的能力。学习是一个通过多种方式获取知识和技能的过程，包括阅读书籍、听讲座、思考、研究和实践等。请注意这个定义的关键词——多种方式。

所以，我们不要把“学习”狭隘地理解为“在学校受教育的过程”。事实上，任何能够获得知识或者技能的过程，都是学习。有些人学历不高，但学习力却很强，学习成果很丰富。从这个视角来看，人一出生，甚至在胎儿时期，就开始了学习，除非知识技能停止进步，否则人一辈子都应该在学习，是终身的学习者。

资源再多，没有“学习力”这个发动机，资源也会损耗、散去。在学业或人生中一个个足够长的坡道上，最终赢得胜利的，不在于起跑时的装备、起跑的速度，而在于学习力这个加速器。所以我们说，判断一个人是否有前途，一个非常具象的判断信号是：这个人是否具备成长心态，是不是终身学习者，是否有终身持续的“学习力”。

1.基础学习力

既然孩子学习的所有问题都能从学习力上找到答案，那么学习力具体包含哪些内容？如图所示：

广域的学习力包含了五个能力，即学习动力、学习能力、学习毅力、学习创造力、学习转化力。其中前三个能力，即学习动力、学习能力、学习毅力，是基础学习能力。孩子有了基础能力，才会有后面的两个高阶能力，即学习创造力、学习转化力，而这也是孩子们拉开差距的能力。

具体拆解如下，基础学习力（即核心学能）包括：学习动力、学习毅力和学习能力。

学习动力：是指孩子的内在驱动力，主要包括学习的需求、学习的情感及学习的兴趣。也就是孩子想不想积极学习，有没有驱动力。

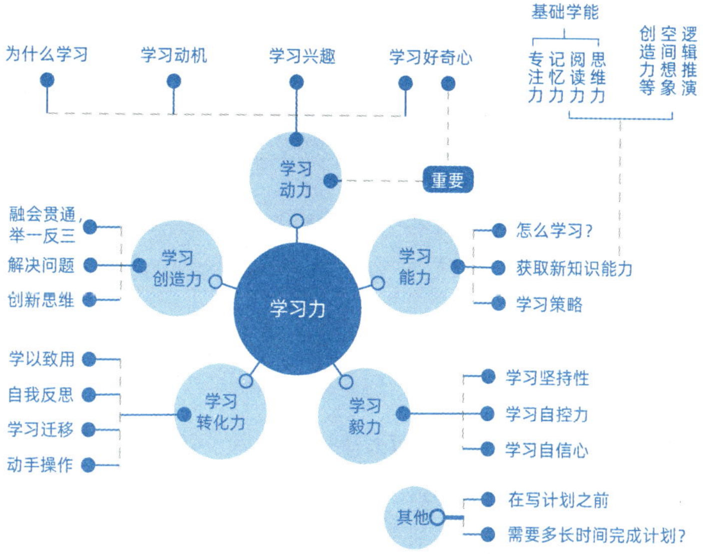

广域学习力图

学习毅力：是指孩子能够自觉地找到学习的目标，持续坚持，克服学习中的困难，实现学习目标，与一个人的自律、逆商紧密相关。也就是孩子有没有坚持积极、自觉、有效学习的意志力。

学习能力：是指当孩子有了良好的学习内驱力、有坚持的决心，从而驱动产生的“具体”的学习能力，这是孩子能不能自觉高效学习的底层核心能力，主要包括：深度专注力、长时记忆力、高效阅读力。

我们用两个案例来说明以上三个基础学习力之间是如何影响孩子的整体学业的。

丹丹是一个小学生，对语文学习并没有太大的兴趣。她觉得语文很难，时常感到沮丧，不愿意主动去学习语文基础知识。——这是孩子的语文学习动力不足。

尽管丹丹对语文学习没有太大的兴趣，但她具备良好的学习能力，记忆力特别好，阅读速度也快。她在课堂上专注力特别好，听讲非常专心，课后还经常复习，做一些语文练习题，所以语文成绩还可以。——这是孩子的底层学习能力很好。

但是到了六年级，妈妈给她加了文言文的学习，丹丹又开始对语文产生了抵触情绪，回家也不会像原来那样进行阅读与记忆整理，所以她的语文成绩很快就变成中下等了。——这是因为孩子的学习毅力不够，学习中有畏难情绪。

在这个案例中，我们可以看出学习动力、学习能力和学习毅力之间相互制约和协同的作用。丹丹缺乏学习动力，导致她对语文学习不积极，缺乏主动性。尽管她具备一定的学习能力，但由于缺乏学习动力和学习毅力，学习能力就无法得到充分发挥。家长们要知道，孩子需要被带动、被认可、被认真地鼓励，才能持续投入高效的学习状态中，并且还能不断战胜困难，最终取得好的学习成果。

小易上初一时，对数学非常感兴趣，并且希望能够取得好的成绩。

小易学习特别认真，平时会主动寻找学习资料，利用各种资源进行自主学习，主动参加数学竞赛，积极寻求数学问题的解决方法。——这是学习动力特别足。

但是到了初二，进入需要深度学习的阶段，他的学习成绩迅速下降了。孩子很着急，家长也着急，后来发现是孩子的空间想象力和推演能力不足，只要是基础的理科题目就没问题，可一旦面对有一定深度、难度的题，就会找不到方法。——这是学习能力有一些不足。

尽管小易学习特别有毅力，自己会在家做题、找资料，坚持每天完成目标，但理科的成绩一直没有再拔尖儿过。

在这个案例中，小易的学习动力驱使他对物理这个科目非常积极主动，学习毅力也使他能够坚持不懈地努力。但是非常明显，到了初二就看出他的逻辑思维力及空间想象力是不足的，所以他物理想要拿满分或者高分就不那么容易了。

从上面两个案例可以看出，在帮助孩子提升学习能力时，家长也应注重培养他们的学习动力和学习毅力。通过激发孩子的学习兴趣，提供有趣的学习资源和活动，帮助他们建立学习目标和计划，并鼓励他们坚持努力，克服困难，从而全面发展基础学习力。这些绝不是说说就完了，而是要具体行动起来，每个细节的用心植入都会对孩子产生深远影响。

下面再详细讲解学习动力、学习能力、学习毅力这三个基础学习力。

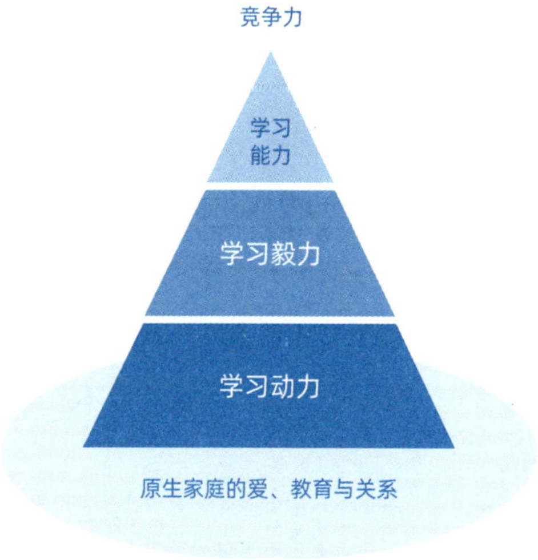

学习力金字塔

学习动力：内因和外因一起作用才能形成长久驱动力

成为优秀学生的关键因素是学习动力。首先，我们要知道孩子的学习动力到底是从哪里来的。找到了源头，就能帮助孩子提升学习动力。因为不同年龄对于自我、世界与未来的认知都不同，所以不同年龄孩子学习的动能也就不同。只要家长找到当下具体的那个点，激活孩子的学习动力，就能使他们在学习的过程中不会知难而退，不会丧失内驱力。

想让孩子有学习兴趣、爱上学习并不难。让我们走进孩子的内心，探究孩子内在的自我的成长需求。

0—3岁：学习需求搭建敏感期

这个年龄段孩子最敏感，对未知事物、对学习、对未来有很强的渴求感，也是大脑成长发育的黄金期。要多带孩子走出去，接受大自然的刺激，接受新鲜事物。增强五感敏感度，从而提升大脑的敏感度。

3—6岁：学习情感搭建敏感期

学习情感就是孩子在学习过程中的心理变化过程。这个时间段，孩子的学习动力都源自父母的爱与鼓励。3—6岁是亲子阅读互动期，也是培养孩子爱上阅读的黄金期。所以学习动力其实是家长在孩子很小的时候埋下的一粒种子，需要我们不断用爱与鼓励来施肥。如下图所示：

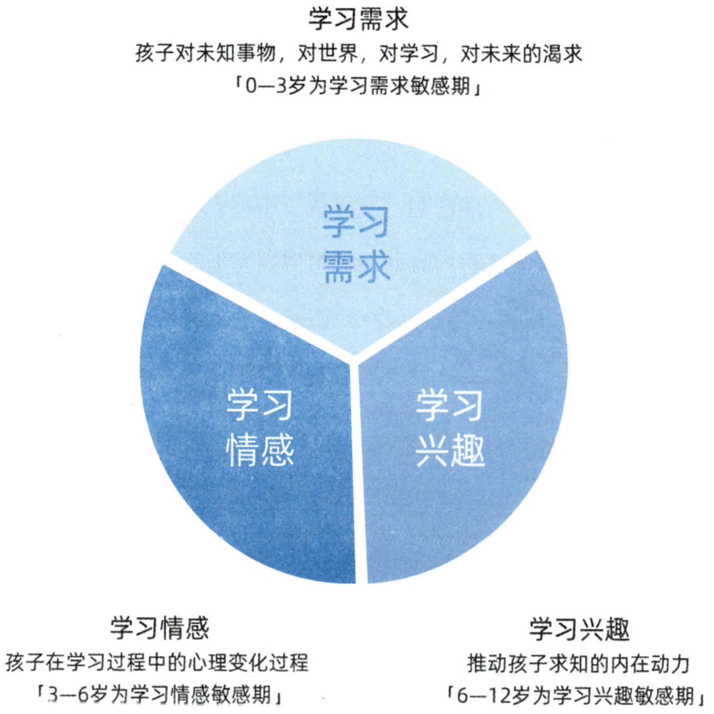

学习动力图

6—12岁：学习兴趣敏感期

学习兴趣是因为孩子对学习有内驱力、有动力。这个年龄段正是孩子小学阶段。从懵懵懂懂到踏实努力，背后蕴含的能量，基本来自家庭与学校。6—12岁孩子学习动力搭建的过程分为两个时段：第一段是6—9岁，第二段是9—12岁。

6—9岁的孩子不仅仅需要父母的爱与鼓励，更需要老师的认可，这也是这个年龄段孩子的动力源泉。9—12岁，孩子们开始为自己打上社会属性标签，他们为了保持在家庭、学校的地位而去努力。例如，我是语文课代表，为了维护我的这个位置就一定要努力学习。我是我们家族中学习最好的孩子，那为了保持这个纪录我也要努力。经常参加演出与比赛的孩子，越高阶越有战斗力和学习动力。学习动力会在不断地证明“我可以”中得到快速提升。

孩子们什么时候才有内驱动力呢？12岁以上的孩子开始产生与学习兴趣相关的学习动力，同时12岁的孩子也开始拥有了自己控制专注力的能力。所以，基本上从12岁开始，孩子就找到了属于自己的学习动力。

家长们要做的是，在不同的关键期给孩子推送相应的底层能力，从而让孩子有能力学好、有机会学明白，之后才能拥有由内而外的学习动力。

比马龙效应（Pygmalion Effect）是哈佛大学的罗森塔尔（Rosenthal）和雅阁布森（Jacobson）进行的学童心理学实验，针对6—12岁的学童进行智力测验。

他们先将学生分成实验组和对照组，然后告诉学校的老师，实验组的学生智商比较高，都是优等生。当老师知道学生是优等生后，就用比较难的教材来教学，并花费更多心力教导他们，对他们的成绩也投入比较多的关心。一年后，实验组的学生在成绩及各项表现上都比其他班级学员优秀。其实，这群参加实验的孩子，并不是什么优等生，而是随意选择的孩子，但是因为老师预期这些孩子是“优等生”，在老师认定这些孩子一定会成功的心理状态下，一直在鼓励孩子，让孩子反复训练，激活孩子成长，所以这些孩子最后真的变成了优等生。

学习的动力来自家长与老师的鼓励与信任，也来自孩子对自我的认可与期待。如下图所示：

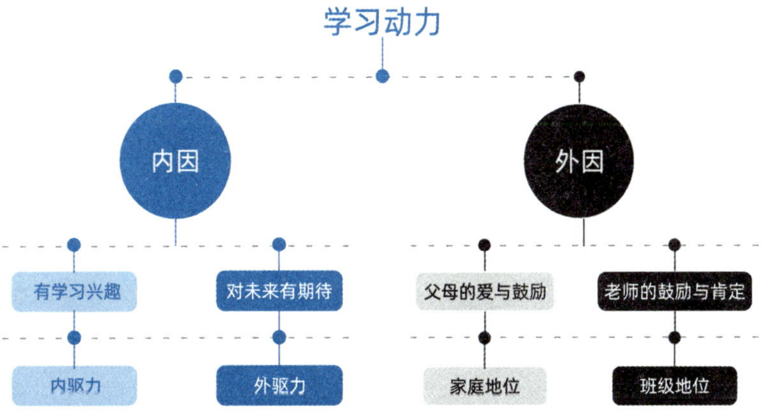

学习动力内外因

动力这种东西，一般都是刚开始动力十足，慢慢地就会减弱，所以动力必须配合着孩子的执行力才能达成目标。

学习毅力：遇问题会积极解决的孩子，其人生会大不一样

孩子的意志力、坚持力及执行力都非常重要。想让孩子能够坚持做一件事情，家长与孩子沟通时的细节就很重要。在很多时候，孩子在面对学习困境时都会有这样的内心独白：“我一定做不出来！”“我不够好，可能不行”“这次考试能进步吗？”如果孩子经常给自己负面的潜意识，就会给自己找到很多不努力、不坚持的

借口。每个人都有意志薄弱、心情不好或者身体不好的时候，这个时候就需要激发出孩子的内在能量与自己对话，告诉自己：“我可以的！”“我能的。”“这些题目可以背下来。”

我们都知道，想和做是两码事，无意识的做与有意识的做也是两码事。那么，如何让孩子在有了积极的学习意识之后，还能转化成积极的学习行为，并且养成好的学习习惯呢?

孩子的行为习惯可以分为：无意识行为和有意识行为。

1.无意识行为

日常生活中很多活动都是无意识行为，例如，走路、吃饭、骑车、开门，这都是我们在成长的过程中形成的无意识行为习惯。其实，我们生活中的无意识行为比有意识行为要多得多。无意识行为受潜意识影响比较多，如果孩子对于我们的正面或者负面语境产生了潜意识，那么当孩子面对困难或问题的时候，就会自动选择正面或者负面行为。在这里，我们想重点与父母们分享语言的力量。因为我们每天都会与孩子对话，生活的点滴细节也会融入孩子的意识里，让他的行为与心境产生变化。所以，说什么、怎么说，对于孩子行为的引导有着很大影响，家长一定要重视。

在一个家庭中，父母经常使用积极正向的语言与孩子进行交流和互动，会赞美孩子的努力和成就，也会鼓励他们面对困难时坚持不懈。那么，当孩子在学校遇到学业上的困难时，他们潜意识中储存的父母给予的正能量，就会激发孩子的自信和积极性，从而尝试不同的方法或寻求帮助，最终解决问题并取得成功。

2.有意识行为

学习是一种典型的有意识行为。有意识的行为非常容易受到情绪的影响，所以父母在与孩子沟通的过程中，能够控制情绪，并用正向鼓励的方式进行沟通，会增强孩子学习的意愿。孩子的自主学习、自律自驱，都是有意识的行为。

有意识的行为比较容易受外界因素影响。如果家长总是指责孩子，给孩子负面的情绪，比如经常说孩子："你怎么总是磨磨蹭蹭的？""你的注意力为什么总是不集中？""你怎么总拿着手机？什么时候能主动放下手机？""你怎么这么没有礼貌？"等。那么这些负面的评价或标签，就在孩子潜意识里种下了"懒散""不自律"这类不好的种子。孩子就会慢慢变成家长嘴里说的那个样子。所以，一个正能量的家庭，一个正向的原生家庭关系，对于孩子的学习毅力是有很大助力作用的。

孩子在学习的过程中，会遇到很多焦虑、压力和困难。这个时候，需要孩子有面对困难时的抗挫折能力、意志力、坚持力和自信心。如果孩子满脑子都是来自家长的批评、指责和负能量，那么当到了成长的关键期，他们就会选择负面的行为应对学习和生活中的问题。所以，我们在孩子心中种下了什么种子，未来就会结出怎样的果实。一个优秀孩子的背后，一定有一对自律、温暖、有爱、有责任感，并且会沟通的父母。

学习毅力的养成可不是一朝一夕的事，但也不是没有规律可循，只要按照以下三个方面去做，迟早会收获一个拥有学习毅力的孩子。如图所示：

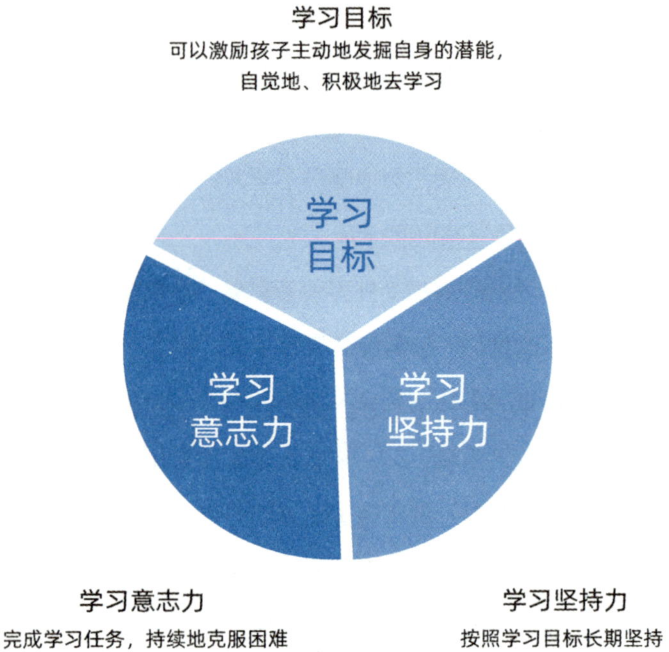

学习毅力

1.学习目标：让孩子做好时间管理，除了搭建日目标、月目标、学期目标这样的中短期目标之外，也要让孩子有长期目标（也叫理想），即想要成为什么样的人，想要上哪所大学，想要找什么工作，等等，以终为始帮孩子做目标建设。

2.学习意志力：让孩子拥有在完成学习任务过程中持续克服困难的能力。这考验着孩子们的逆商。拥有良好心商、逆商的孩子，会为实现目标而不断克服困难。

3.学习坚持力：孩子拥有按照学习目标长期坚持的能力。这也是对每个家庭的考验，从最早期的家庭时间管理，到孩子心理健康建设，进而让孩子拥有目标感与抗压能力，从而突破重重学习阻碍，最后坚持到底。

学习能力：孩子从被动学习到主动学习的7大能力

学习过程中所有的稳定输出状态，都来自孩子拥有良好的底层学习能力。如下图的“学习能力金字塔”中，孩子们所需要的最底层的能力是专注力。专注力是一切能力的源泉。在低龄段，即小学一至三年级，除了专注力，记忆力与阅读力也是对全科目学习影响最大的底层能力。如下图所示：

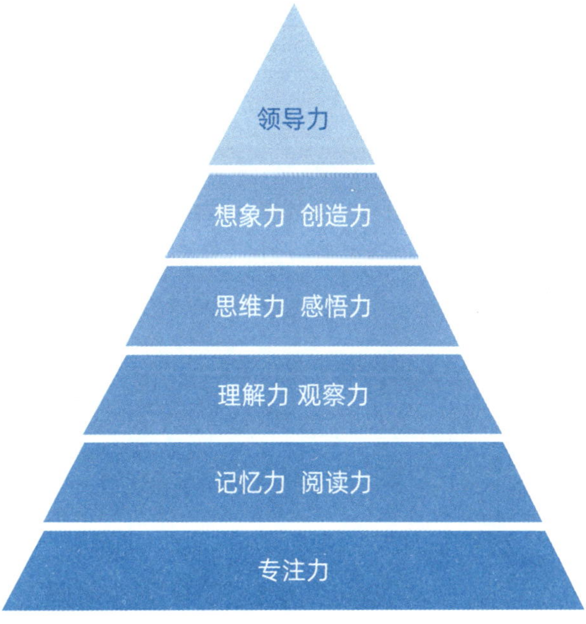

学习能力金字塔

在孩子成长发育的关键期，家长要帮助其实现相应底层能力的提升，才能燃起孩子的学习动力。学习的过程是一个“知识输入+知识输出”的过程。从下文的“学习金字塔”示意图中，我们可以看到“被动学习”与“主动学习”的知识留存率。只要提升不同的学习能力，就可以激活不同学习阶段的知识留存率。

知识的周转速度远比存储量重要。

“学习金字塔”（Cone of Learning）的理论是美国学者埃德加·戴尔（Edgar Dale）提出的。如下图所示：

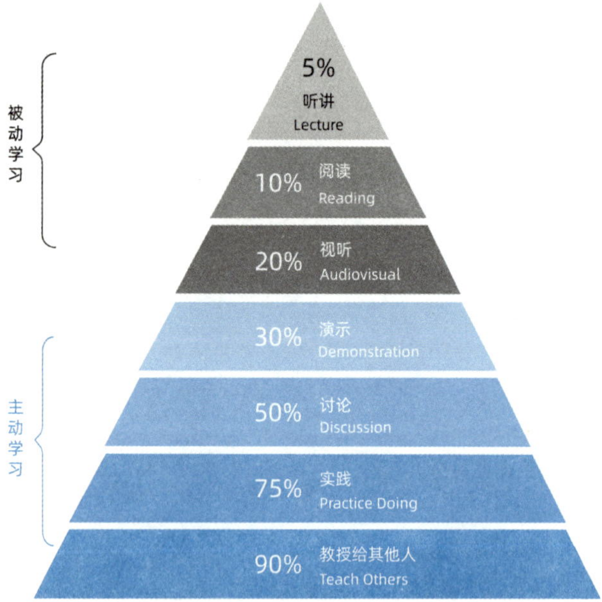

学习金字塔

◎ 第一种，“听讲”，这是孩子最熟悉、最常用的上课听讲学习方式。如果仅仅是听讲，之后不做任何后续训练，那么这个“听讲”方式的学习效率是最低的，两周以后学习的内容只能留下5%。

◎ 第二种，通过“阅读”方式学到的内容，例如当孩子预习时，通过自主阅读产生的记忆留存率可以保留在10%左右。

◎ 第三种，如果孩子运用“声音”“图片”或者通过文字、声音产生图片想象的方式学习，记忆留存率可以达到20%左右。

◎ 第四种，是“演示”，通过说出来或者动手展示等学习方式，可以记住所学内容的30%左右。

◎ 第五种，“小组讨论”，也叫团队作业。经过小组内部互动探讨后，所学内容记忆留存率在50%左右。

◎ 第六种，“实践”，也就是把所学内容实践出一个完整流程来，那么记忆留存率可以达到75%左右。

◎ 最后一种，最厉害的学习方式，是“教别人”或者“马上应用”，在教与学的互动中，提升记忆时长，记忆留存率在90%左右。

由此可见，输入，即学习或大量阅读，需以输出为导向。“输出知识”与“吸收知识”这一周转的过程至关重要。我们经常为了输出知识而急急忙忙输入，当务之急需要提高“周转知识的能力”。如果一开始就把输出作为前提，那么在输入的过程中就可以更有计划、更加专注、更高效地提高知识周转率。

谈到输入和输出的比例，我认为大部分人都在9∶1这样的程度。有些人甚至只进行输入，完全没有任何形式的输出。如果跟输出相比，输入的所占比重过大，“知识周转能力”就会很难提高。科学的做法是果断将输入和输出比调整至1∶9。

要实现高效的输入与输出，可以对孩子的专注力、记忆力、阅读力与思维力等这些底层能力进行刻意训练，从而达到最佳输入与输出状态。当然，孩子的这些底层能力的提升，也需要家长提前进行规划，但是实际操作起来并不难。

下面我们就带大家看下，不同年龄段的孩子到底需要什么样的底层能力。

做好孩子4个重要阶段的“学能规划”

6—8岁孩子的学能提升重点

◎ 运动提升专注力：有规律的有氧运动可以提升孩子的专注力。在孩子运动得大汗淋漓之后，休息5分钟喝点水，之后再开始学习与记忆相关的科目，真的会事半功倍。

◎ 独立阅读能力：阅读是未来区分孩子学习好坏的关键能力，这个阶段需要认字量的配合，目标是从亲子陪伴阅读转变成为独立阅读。要培养好的阅读习惯，例如不指读、不回读，养成快速默读习惯非常重要。

◎ 时间管理能力：这个年龄段是打造孩子学习习惯的最佳时段，培养时间管理能力是第一步。想培养一个自律的孩子，从一年级就应该开始做时间管理。这不仅仅是孩子的时间管理，还是整个家庭的时间管理。

9—10岁是学习能力提升的关键期

上了三年级的孩子，家长一定要做到放手、陪伴与复盘。

◎ 放手。表示孩子学习的时候家长不用陪伴在侧了，他可以自己安排学习的顺序与时间，甚至内容。

◎ 陪伴。表示高质量的心理陪伴，家长成为孩子的军师，需要给他们更多生活上的、心理上的引导。

◎ 复盘。复盘对于三、四年级的孩子特别重要，从生活感受、学习体会到学习方法上，每周都需要一次复盘，可以让孩子讲讲这一周的收获与心得，比如开一个小家庭会议，让孩子感受到家庭的民主与包容，感受到父母的格局、品位与人情味。

9—10岁孩子的自我意识、思维力都越来越强了，这个阶段也是开启自主学习能力的关键期。让孩子拥有适合自己的学习方法与学习工具，拥有自己觉得舒服的学习习惯，再配上长时记忆能力、高效阅读能力，以及初级的思维力，孩子才能在学习上如虎添翼，在学习中找到乐趣。

11—12岁是高效学习方法与工具植入的关键期

这个时间段的孩子不仅要有高效学习能力，更要配备高效的学习方法与学习工具。例如，四年级孩子的结构化思维基本形成，需要开始应用思维导图，那么在三、四年级就应该进行学习并使之应用在各科目的学习中。思维导图无论在阅读还是写作中都非常重要。另外，在写作业或者考试后，五、六年级的孩子应该有自己的试卷分析并生成错题本。我采访过190多位北大、清华，甚至耶鲁、牛津的学生，95%以上的学霸都有两个非常重要的学习工具：错题本和课堂笔记。真正的学习高手的课堂笔记是有“传承”效果的，就是他的笔记可以给其他的孩子学习使用。

真正的学习高手，不仅仅有结构化思维模式，还有可拓展的五感想象力。他们可以通过使用学习工具，把所学内容转化为长时记忆，而且拥有结构化思维、高阶推演与思辨能力，是真正的学习高手。

◆思维导图

思维导图是一种通过图形化、层次化和非线性的方式组织和表达思想、概念和信息的工具，旨在提高记忆、理解和创意思维。

◎ 思维导图是一种高效的思维模式，被广泛应用于记忆、学习、思考等场景中，可以被视为一种思维的“地图”。

◎ 使用思维导图笔记法可以提升个人的思考技巧，因为它鼓励人们以图形化的方式思考和组织信息。这种笔记法可以帮助人们更清晰地看到信息之间的关系，从而提高记忆力、组织力和创造力。

◎ 思维导图中有规律的色彩也很关键，一个漂亮的思维导图有利于加强长时记忆。

思维导图是一种强大的工具，可以帮助人们更有效地处理和理解复杂的信息。

13—15岁是呵护亲子关系的关键期

孩子进入初中学习阶段，学习压力骤然增加，同时伴随着青春期的到来，生理与心理都处在变化期。所以，家长学会倾听尤为重要。这个阶段也是孩子拥有自主学习能力的关键期，父母的鼓励、理解与良好的沟通会成为孩子进步的阶梯。原生家庭的氛围与关系，也与孩子的情绪息息相关。

父母才是孩子的起跑线。大量研究证明，原生家庭对于孩子的智力、性格、品德有着关键性的影响。正向的原生家庭关系，可以让孩子赢在起跑线上。孩子的所有问题，都与父母教育和家庭关系有关联。

这个时期的学习对于孩子空间想象力、逻辑推演能力及高效阅读能力有着很高的要求。大量的课外阅读要求、大量需要记忆的科目，以及物理、化学全新学科的深度考核，都会让孩子感到学习的压力与能力的不足。所以在这个阶段，孩子的心态调整永远是第一位的，唯有提升学习内驱力，让孩子找到属于自己的学习方法、学习工具，并形成自己的学习节奏，才能真正地突破自己，成为会学习、爱学习的人。

综上所述，孩子成长发育的关键期要提升关键能力，如专注力、记忆力、阅读力、思维力与创新思辨力等，从而让孩子学会学习，学会心理调整，学会使用学习工具，最终爱上学习。

第7章

找准孩子的学习风格，“努力”才会精准有效

不同的人在阅读时对环境的要求不同，这是因为他们在学习过程中被刺激的关键感官存在差异。有些人在阅读时需要一个完全安静的环境，因为他们主要依赖视觉来获取信息。而另一些人则可以在有背景音乐的环境中阅读，这可能是因为他们更依赖听觉来理解和记忆信息。还有一些人则需要通过动作来理解信息，例如通过做笔记或在书上做标记来帮助他们理解和记忆所读的内容。有的人一个人学习的时候效率高，有的人则喜欢和大家一起讨论学习。可见，孩子们的学习风格大不相同。

学不好，也可能是因为家长没有找准孩子的学习风格

不同的性格也决定了不同的知识收集方式，从而形成不同的学习风格。

学习风格是指个人在学习过程中所采用的或偏好的方式。它反映了学习者在处理和解决学习任务时所表现出的独特个性和习惯。学习风格包括学习者对信息的接收方式、处理方式、记忆方式和表

达方式等。不同的学习者可能有不同的学习风格，这些风格会影响他们的学习效果和效率。找到合适的学习风格，是形成高效学习方法的重要基础，更是打造高效学习力的关键。

一个人在最初的学习阶段，也就是学生时期，不只是在学习知识，还要摸索并找到适合自己的学习风格，并且不断打磨出高效的学习方法。学习风格一旦形成，通常具有较高的稳定性，不容易受到学习内容或学习环境变化的影响。然而，这并不意味着学习风格是不可改变的，它仍然具有一定的可塑性。通过有意识的练习和调整，个人可以逐渐改变或调整自己的学习风格，以适应不同的学习任务和环境。在找到适合自己的学习风格的过程中，有的人慢一些，有的人快一些。只有更快地找准自己的学习风格，改进学习方法，才能提高学习质量和学习效率，学习也将变得“快又简单”。与此同时，实现正向循环的学习感受可以使人更自信与从容，进而可以更高效地平衡课内学习与音体美等课外兴趣的学习。

家长要帮助孩子找到属于自己的学习风格，打造高效学习的内驱力，从而帮助孩子赶走焦虑与浮躁，提升学习时的“心能”（即心的能量），拥有满格的学习状态。

遭遇逆境或者险境时，有的人积极应对，有的人淡然处之，有的人悲观失落，不同的心态会产生不同的结果。宋朝哲宗年间，苏轼和旧党元老梁焘、刘挚先后被贬往岭南。当时岭南气候湿热、瘟疫流行。梁焘、刘挚到岭南之后，先后病死。只有苏轼安然无恙。他性情豁达，无论走到哪里都吃得下、睡得着。什么瘴气、疫病都影响不到他。别人长吁短叹，垂头丧气，他却说“日啖荔枝三百颗，不辞长做岭南人”，这就是“心能”的力量。

一个人的处事态度、反应方式、看待问题的角度，决定着我们“心能”的力量。

学习也是一样。我们为什么学习？仅仅是为了考上好学校吗？肯定不是。学习是人类自带的一个天赋，一个人从呱呱坠地就开始了学习之路，学说话、学走路、学认字……之后又走进学校学习，在工作和社会中学习。可现实是，就拿在学校学习来说，同样的学校和老师，学一样的内容，每个人的学习效果却大不一样。这是因为，一个人学习时的心能，也影响着学习的效果。这里的心能就包括学习态度、方法和习惯。提升了心能，就相当于掌握了一套高效的学习方法，甚至还能沿用到日后的工作和生活中，做什么事可能都更高效、更轻松。

实际上，大多数人并不是天生就能掌握高效学习的方法。举例来说，同样是学习，大多数同学只顾低头填鸭式刷题，搞疲劳战术；有的同学则用起了错题本，争取做一道会一道；还有的同学甚至会归纳总结，分析研究题型。这样下来，同样的时间、同样的题，最终学习结果却大不一样。所以说，高效学习，不是看花了多长时间学习，而是看如何合理利用与规划学习时间，更科学更全面地提升学习效能。而学习方法千千万，有些学习方法是通用的，有些则不是，一旦找到适合自己的学习风格和学习方法，那么就离成为学习高手不远了。

4+3+2种学习风格，找到属于孩子的高效学习风格

根据学习过程中的3种不同维度，我们整理出如下9种不同学习

风格，具体拆解如下：

◎ 基于知识接收感官不同分为：视觉型、听觉型、动觉型和语言型。

◎ 基于知识收集方式的差异分为：独处型、社交型和逻辑型。

◎ 基于内驱力的差异分为：主动学习型和被动学习型。

有的人只注重一种学习风格，有的人愿意多种混用，只要能充分调动一个人的潜能，发挥出自己独有的学习天赋，就能达到事半功倍的效果。下面我们分别介绍一下这些学习风格，看看它们之间的具体差异，也方便大家对号入座，进行选择。如图所示：

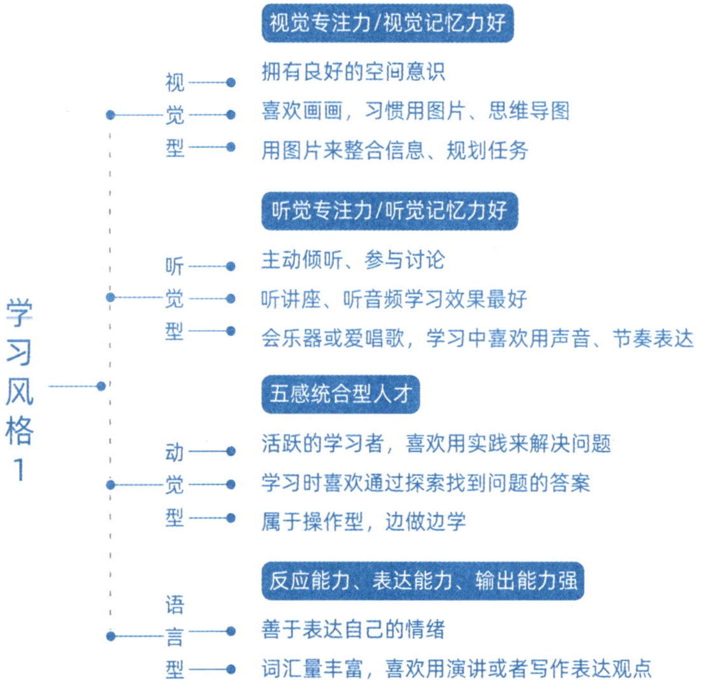

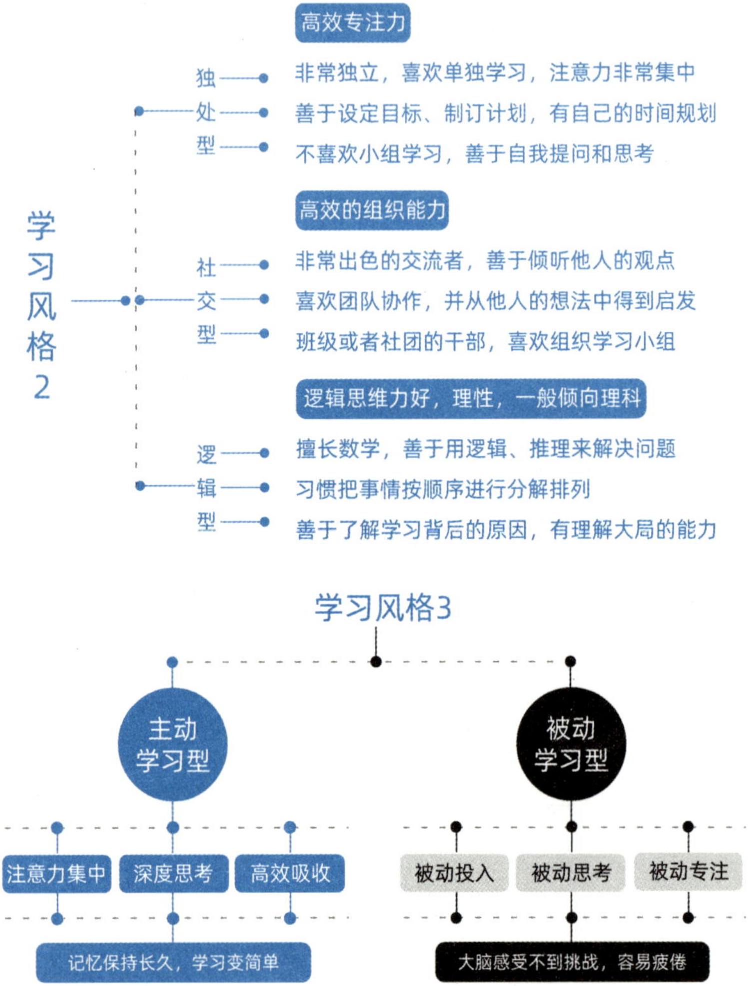

学习风格图

基于以上的三种维度区分出来的4+3+2种学习风格，再使之进行交叉叠加之后，又可以组合出更多的学习风格。具体到个人学习上，只需要找到自己到底属于哪一种，或者哪几种学习风格。

我们用一个具体的案例，教大家如何对照分析自己孩子的学习风格。

李婷婷同学（化名），女，11岁，是北京海淀某小学五年级的学生。她上课积极主动，经常举手回答老师问题。平时爱唱歌，喜欢和几个小朋友组队每天写作业研究难题。也喜欢听书，听后就可以给小伙伴们讲故事，所以同学们都特别喜欢她。但是婷婷有一个最大的问题，就是一考试总会把会的题目看错，或出现阅读串行的问题，所以她成绩一直是中等。预习、复习她都做得很好，作业也非常认真主动完成，但成绩就是上不去。孩子自己很着急，家人、老师也都着急，每次考前都叮嘱她一定要认真读题，一定要仔细阅读，但是婷婷串行漏字的状况一直存在。

我们先说答案，婷婷属于听觉型+社交型+主动型学习风格。下面我逐条拆解为什么这么归类。

首先，“喜欢听书，听后就可以给小伙伴们讲故事”，这一细节说明婷婷的学习风格之一是听觉型，耳朵是她的先天优势学习管道。听觉功能对应的是大脑的颞叶区，运用声音和耳朵作为学习方式产生最大效果的人，约占总人群的三分之二。这类人更善于用听的方式来接收信息与学习，对声音的辨识度强，甚至用听的方式获得的信息比用眼睛看获得的信息记得更快更牢固。这也恰好能说明，为什么有的人可以边听音乐边做事。因而，婷婷的学习风格在英语口语听力考试时占优势，因为听觉型人才的听觉专注力与听觉记忆力在这方面会更占优势。

同时，因为刺激听觉更能促进其对知识的记忆和理解，所以对于这类孩子来说，朗读是一种非常好的学习方法，同时多听有声读物和多听演讲，也可以提高学习效率。家长或老师要多用语言的方式进行学习引导，用具体、及时、当众的口头赞美以“听”服人。但这也造成“一考试总会把会的题目看错，或出现阅读串行的问题”的状况，因为听觉型的人对声音特别敏感，一有声音就容易分心，专注力相对较差。所以也需要提升视觉专注力，做一些视觉反应力、视觉敏感度以及听课视觉专注力的提升训练，提升专注力。

其次，“喜欢和几个小朋友组队每天写作业研究难题”这一点，说明婷婷的学习风格也属于“社交型”。社交型往往喜欢与人交往、善于表达和理解、关心他人感受。这类人往往能更好地适应社会环境，能应对各种挑战和困难，在学习过程中，不但喜欢帮助同学，是社交小能手，在团队里也往往是领导者的角色。对这样的同学来说，一个人学习，还不如建立学习小组，大家一起成组讨论，交换观点，协同合作，更能发挥出优势，迸发出光彩。

当然，有的孩子就喜欢独自学习，那就属于“独处型”，他们学习时往往不需要他人的陪伴，和其他同学在一起反而会受到干扰，甚至产生紧张、焦虑的情绪，影响学习效率；遇到问题时，也不依赖他人，而是更倾向自己攻破。他们经常分析自己的学习偏好和学习方法，学习反而更加高效。

属于逻辑型学习风格的人，有很强的逻辑推理能力，他们往往更擅长数学。在学习和生活中，往往能迅速从事物的发展运作规律中总结出模型，敏锐地把看似不相关的信息联系起来，形成知识信息树。他们获取知识的最佳方法就是把信息分类整理并画出其中的关系。

最后，“她上课积极主动，经常举手回答老师问题”，则说明婷婷属于主动型的学习风格。主动型学习风格是一种以个人内在需求和兴趣为驱动力的学习方式。在这种学习风格中，学习者主动寻求知识，积极探索，而不是被动地接收信息，他们会持续地进行自我驱动的学习，包括自我评估、自我监督，并在需要时进行适当的自我调整，以提高学习效率和效果。这种方法与被动学习形成鲜明对比，后者将学习视为一种外来的、不得不接受的任务。被动学习型的孩子，就需要培养主动学习习惯，学会如何自我管理，提升学习责任感，建立起一套正向的学习评价和反馈机制。

第8章

教孩子做好时间管理和精力管理，一张表就够了

学习不主动，不专注；做事拖拖拉拉，效率不高；没有计划性，东玩玩西玩玩，生活无规律。

很多小学低龄段的孩子容易出现这种状态。同一所学校，相同的教学内容，为什么总是有“学霸”和“学渣”？一个重要的原因就是，在同等时间内，大家的专注力、记忆力和理解力天差地别。但很多人不知道的是，这些都可以通过时间管理训练进行改善，而且孩子训练得越早，见效就越快，父母就越轻松。

时间管理，就是为了快速实现目标，合理分配并高效利用时间。

认识孩子的性格差异，匹配对应的时间管理训练方法

古人云：因材施教。不同性格类型的孩子需要用不同的方式进行沟通，需要制订不同的时间管理方案。

从做事快慢、时间敏感度这两个维度考察，孩子性格特征可以分为领导型、师爷型、人来疯型、贴心型这四种类型。这四类性格的孩子，在做时间管理训练时，需要不同的方法。如图所示：

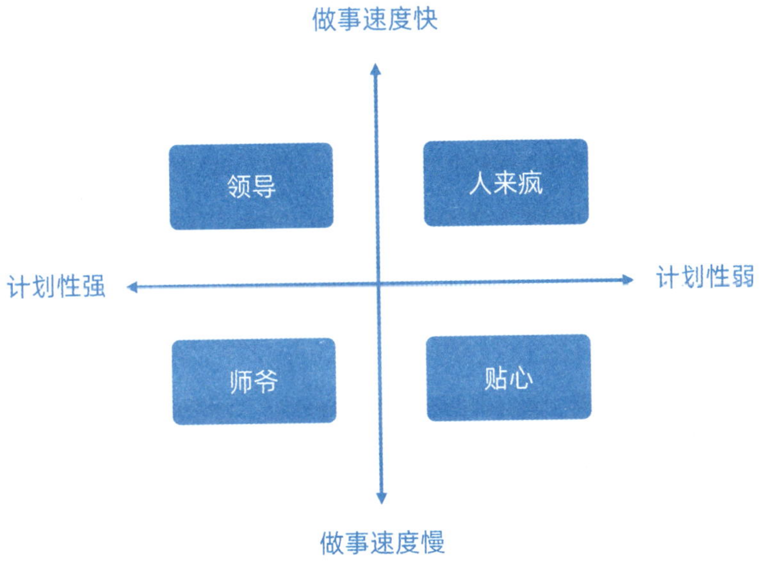

时间管理性格趋向图

这四类性格孩子的时间管理方法不同，沟通方式自然也不同，下面我们就来逐一分析。

1.领导型（速度快＋计划性强）

性格特点：

◎ 做事快、心急、没耐心。

◎ 说话直接，不易控制情绪，雷厉风行。

◎ 目标性强，想问题非常快。

◎ 执行力、专注力强。

◎ 有时粗心，容易马虎。

沟通方法：

◎ 制订时间管理计划，切忌催促，否则会引起孩子的逆反情绪。

◎ 给孩子更多选择权和决策权来做自己的时间管理表格。

◎ 督促时要给予更多的信任与鼓励，避免太过强势。

2.师爷型（速度慢＋计划性强）

性格特点：

◎ 遵守规则，条理性强，做事速度较慢，非常稳。

◎ 专注力强，做事认真，学习做事有条理有计划，就是效率偏低。

◎ 爱提问、爱纠结，有时候会有点消极。冷静理性，追求完美。

沟通方法：

◎ 在和孩子做时间管理计划的时候要有逻辑顺序，让孩子容易理解。

◎ 孩子爱思考，专注力强，因而往往忽略了时间，时间敏感度比较弱，所以要多提醒孩子时间节点。

◎ 多引导孩子学会取舍，抓重点进行学习与规划。

3.人来疯型（速度快＋计划性弱）

性格特点：

◎ 做事速度快，说得快做得快，但思考问题会不周到，容易出错。

◎ 专注力弱，容易被外界干扰。

◎ 计划性弱，不善于时间管理，容易忘事，喜欢在群体里表现自己。

沟通方法：

◎ 需要引导孩子逐步学会制订计划，并经常监督孩子时间管理的进程，不断总结与强化。

◎ 人来疯类型的孩子喜欢被夸奖，要多发现闪光点并鼓励。

◎ 孩子的专注力弱，所以要经常提醒孩子去高效完成计划。

4.贴心型（速度慢＋计划性弱）

性格特点：

◎ 做事情速度较慢，计划性弱，考虑问题会花费较长时间。

◎ 跟随性好，在团队里和家庭中都比较贴心，有时候自信心不够。

◎ 有心事却不擅长倾诉，学习容易分心。

沟通方法：

◎ 比较容易接受父母的安排与建议，可以让孩子准备一个记事本，把重要内容写在本子上。

◎ 孩子的专注力比较弱，不应布置长时间的任务。

◎ 一定要多多鼓励孩子，增强孩子的自信心，进而提升做事速度。

认识孩子的生物钟，找到对应的学习黄金时段

所有的时间管理训练，都是在充分了解孩子生理和心理发育的基础上制订的。保证孩子有足够的睡眠非常重要，所有违背孩子成长规律的时间管理都是徒劳的。孩子到底需要多久的睡眠？这有共通性，但也有差异。

充足睡眠时间表

年龄	每天需要睡眠时间
1岁—2岁	13—14个小时
2岁—4岁	12个小时
4岁—7岁	11个小时
7岁—15岁	9—10个小时
16岁—24岁	8个小时以上
成年人【25岁—64岁】	7—8个小时
老年人【65岁以上】	5—7个小时

以上属于睡眠的一般规律，但是不同的人也有不同的睡眠时间，有的人睡得多，有人就睡得少，甚至每个人的作息时间也不一样。

生物学家研究发现，孩子的生物钟主要分为百灵鸟型和猫头鹰型。

百灵鸟型的孩子，喜欢早起早睡。比如晚上10:00前睡，早上6:00—6:30起床。这类孩子清晨思维活跃，早晨用脑效率最高，这

个时间段非常适合做记忆类的科目学习。

猫头鹰型的孩子，喜欢晚起晚睡。比如晚上10:30后睡觉，早上8:00后起床。他们一到晚上就兴奋，才思敏捷，思维能力强，这个时间段更适合做技术、写作或者分析类工作。

百灵鸟型的孩子比较适应学校的作息。上小学前，家长应该提早对孩子的作息进行调整，尽可能让孩子向百灵鸟型靠拢，减少午睡时间，或者增加白天的运动量，帮助孩子提早睡觉。这个工作，应该在孩子时间管理训练的第一个黄金期完成，也就是说，在6岁前就应该完成百灵鸟型生物钟的搭建，甚至家长们也需要和孩子一起调整，这样才能形成家庭生物钟。

打造一个良性的并且可以和校园生活兼容的生物钟系统，孩子将来就可以把记忆高峰值调动发挥到极致，尽早摸准学习的黄金时间段，让他们的学习更高效。

我们先了解一下孩子学习的记忆高峰时段。

当然，每个孩子的生物钟各有不同，有的孩子早上专注力最好，晚上记忆力最好，有的却反过来了。所以家长在陪伴孩子成长的过程中，一定要注意每个孩子的特殊性，摸索出孩子的作息规律与学习规律。每日循环往复，充分利用高峰记忆时段，形成科学记忆系统，这也是打造良好学习力的基础。

了解了孩子的生物钟之后，又该怎样科学地帮孩子制订时间管理规划表呢？以猫头鹰型孩子为例，按照这类孩子最适合的生物钟，我们可以设定如下作息时间表：

记忆高峰时段		
时段	时间段	说明
第一高峰时段	21：00—22：00	最适合阅读或做与记忆相关的作业。并让孩子在晚上10 到 11点前睡觉。孩子睡觉的时候前看过的知识，会增强脑神经元链路的稳定性强记忆。
第二高峰时段	06：00—07：00	复习昨天晚上看过的内容，将大大增加记忆的稳定程度。同时也是做与记忆相关的作业的最佳时段。
第三高峰时段	08：00—10：00	头脑灵活，思维活跃，上午专注力更好，所以更容易理解并记住课程内容。
第四高峰时段	18：00—20：00	可以复习一整天学过的内容，之后开始写作业，效率会很高。

制订好每天生活、学习、玩耍的时间规划表后，家长和孩子就可以按照这个表格执行了。当然，也可以按照实际情况，边实践边优化修正，但是需要提醒的是，成年人与孩子对于时间的感觉是不一样的，孩子做事情没有成年人那样有明确的目的性，所以还是要以孩子的兴趣引导为主。如果能让他们感觉到好玩儿、开心，那么事情就成功了一大步；一旦没有完成目标，就一味地责备孩子，只会让孩子产生逆反心理。

“百灵鸟”宝贝时间作息表案例		
孩子生物钟	身体状态	学习内容
6：00—7：00	体力充沛、记忆最佳	背诵古诗古文、英文单词等与记忆相关内容
8：00—10：00	耐力最佳，短时记忆效果好	在学校的前两节课，孩子专注力一般最好
12：00—13：00	吃饭后孩子容易疲劳，大脑反应比较慢，需要闭目养神休息一下或者听音乐放松	不适合学习，尽量放松休息
14：00—17：00	中午休息好的孩子，下午会比较精神	下午晚些时段比较适合做分析类的或比较有难度的复杂计算
18：00—20：00	晚饭后，比较放松，状态很好	适合复习白天学习的内容，之后再写作业，这样会大大提高写作业的效率，建议使用“番茄工作法”[①]来做作业
21：00—22：00	大脑记忆高峰时段	适合背诵
22：00—2：00	必须睡觉，这个时段为孩子脑神经生长高峰期	初三、高三的孩子也尽量在11点前睡觉，把没有写完的作业留到早上6：00到7：00这个时间段完成效率会更高

① 番茄工作法是一种劳逸结合的时间管理方法。通过把时间划分为多个番茄时间，每个番茄时间包含两个部分：前25分钟绝对专注做一件事情，叫作种一个番茄，如果出现中断，必须重新开始；后5分钟短暂休息，完成4个番茄时间可以奖励自己放松半个小时。番茄工作法对于提升专注力有意想不到的效果。

如何引导孩子自主管理时间

很多家长培养孩子的时间观念，是从制订一个一天时间的规划表开始的。这个形式没有问题，难在很多人无法长期执行下去，这是因为很多家长漏掉了一个必备功课，那就是必须让孩子先真切地意识到什么是“时间”。

1.认识和感受“时间”

时间是个很抽象的概念。孩子会看钟表了，并不意味着他们就对时间有了多么具象的感知。在日常教育中，我们可以从教孩子认识“有效期”这个概念入手。

比如在孩子小的时候，家长可以从带孩子认识“食品有效期”“日常用品有效期”开始，再延展到“时间的限期”这一概念，如游乐园的开门时间段、幼儿园上课时间段，之后是上学时间、作业时间、玩乐时间，从具象到抽象，从小到大，逐层把孩子能接触到的事情纳入时间管理教育的进程里，让孩子对时间认识从一个简单的概念慢慢过渡到一个可控可管理的形态上来。

另外，还要让孩子在做事过程中感受到“时间过去了就再也回不来了”。一个计划表制订出来之后，先让孩子明白在不同的时间段要做不同的事情，如果拖沓了，那么下一个时间段的事情就做不了了。例如“如果周六上午不能写完作业，那么下午的电影时间就没有了，需要放弃电影补上午作业”，这样可以让孩子直观了解“没有时间观念”的后果，以及时间管理的重要性。

2.“管理好时间，是自己的事”

“管理好时间，是自己的事”，要尽早让孩子明白这个道理。从孩子3岁开始，就可以逐步培养他们对时间的自我管理。家长可以心平气和地告诉孩子，“那不是别人的责任，是你自己的责任”，如果孩子能够明白“早上起床”是“自己的事情”，那么他们自己就会思考，怎样做才能不睡过头。日积月累，孩子就会学会自己思考，自己主动去做。如下图所示：

“管好时间”是自己的事

合理安排时间图

3.儿童时间管理训练的3个要素

儿童时间管理训练需要一个相对长的时间周期，过程中有3个要素必须重视。

第一，用寓教于乐的方式帮助孩子进行时间管理。孩子往往对管理和约束这种沟通方式非常排斥，而通过一些时间模拟或者演练的方式更容易让他们接受。比如通过猜自己在30秒内能说多少字，或者说出自己1分钟内能做什么事情等，让孩子感知到当他们很专心地去完成任务时，可以做出超乎自己想象的事情。

第二，兴趣是最好的老师，找到孩子喜欢的方式来进行时间管理训练。例如一个漂亮的智能时钟，或者用孩子最爱的音乐作为睡觉和起床的陪伴音乐，或者用游戏进行过渡。又或者把叠被子、穿袜子这种日常家庭生活场景设计成亲子小游戏，从而让孩子快乐地进入我们的时间管理训练中。

第三，要站在孩子的角度来设定游戏规则。所有时间管理的规划，要按照孩子的专注力、执行力、意志力的长短与配合度来设定。劳逸结合才能让孩子在时间管理训练中体会到成就与快乐，这样孩子才会珍惜时间、管理时间，成为自信快乐的人。

4.合理分配时间的能力也很重要

事情有轻重缓急，学会合理分配时间还得明白先干哪个后干哪个，哪个更重要。所以，在做时间管理训练时，还要教会孩子学会取舍和排序。

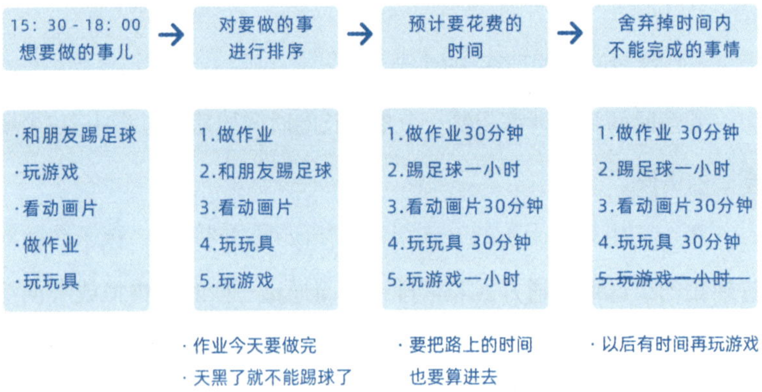

时间分配案例

首先要学会取舍。要想在规定时间内完成计划，就需要能够根据事情的重要程度决定“哪些事该放弃”。此时，家长可以教会孩子分析并制订出取舍的标准和方法，其中既包含了价值观，也包含了方法论。

孩子对事情进行排序的时候，父母可以适当地提醒，比如“首先要保证完成作业”。父母要让孩子意识到，不要忽略重要的事，不重要的事是可以舍弃的，并且让孩子在生活中多加练习，逐渐培养自己的判断力。

5.做好“计时”训练

让孩子学会“计时”，其实是要增强孩子的紧迫感，具有倒计时的概念。一旦计时器开始，时间就会一分一秒地流逝，让孩子在一定的压力下完成学习任务，对孩子未来自学及考试都会很有帮助。

但是，在“计时”的执行上，也需要有一些柔性变通的小智慧。

语文作业计时30分钟，如果孩子问你：“爸爸/妈妈，几分钟了？”

错误说法：“已经过去20分钟了，你赶快写，不然写不完了。”这么一说，有些孩子就不太想写了。

正确的说法：“宝贝，刚过20分钟，你已经写这么多了，我感觉这次你能提前完成呀！加油！”

记住，“计时”是为了培养意识和养成习惯，“计时”的主动权在家长手中，要想办法让孩子赢，以此为饵，调动孩子对于自我把控时间的紧迫感和成就感。

6.利用好碎片时间，学习时间倍增

利用好碎片时间，是很多状元和学霸都在用的方法。吃饭前

后、上学的路上、课间，周末的碎片时间更多，这些时间可能是5分钟、10分钟或者半个小时。

要利用好这些碎片时间，可以提前准备些便于翻看的卡片、小程序或者书。与记忆相关的事，比如背诵1首古诗、5个单词或者1个数学公式。最适合利用碎片时间，记忆效果也非常好。

另一个重要的碎片时间是睡觉前。如果这个时候闭上眼睛，把一天的重点知识像过电影一样在脑子里快速过一遍，那么即使在睡着后大脑还会继续复习回顾。这样的练习可以增强脑神经元链路的稳定性，对增强记忆的持久度特别有帮助。

7.时间管理，家长是助手，孩子是主角

孩子的时间管理到底由谁做？是一个方式从小用到大吗？现在的孩子学习压力很大，很多家长无奈吐槽，“如果家长不帮忙做时间管理，孩子作业都做不完”。可是家长“一管到底”是对的吗？什么时候撒手更合适？

小学三年级的丽丽正在看动画片，妈妈突然把电视机关了，严肃地说：“赶快写作业，不然又写不完了。”

丽丽急红了脸说：“就差10分钟了，你让我看完我就去学习。”妈妈理都没理就走开了。这时爸爸过来，问了一句：“看完这个动画片你会去学习吗？”丽丽说：“是的，看完了就去学习。”于是爸爸重新打开了电视机。10多分钟后，丽丽主动关闭电视机并开心地去写作业了。

爸爸的处理方式，其实更好地解决了看电视和做作业的冲突。

很多父母对于孩子的管理都过于主观，没有考虑到孩子的心理变化和心理需求。一味按照大人的想法安排孩子的学习和生活，孩子的内心会变得非常反感，结果就是孩子心想“反正我的事情你都帮我决定了，那我就不需要想了”。父母发现孩子自律性不好，没有时间观念，做事懒惰拖沓时，也需要考虑这些问题是不是父母造成的。

充分利用时间管理小工具，加强孩子的时间观念

工欲善其事，必先利其器。有很多时间管理的小工具，可以提升孩子对时间概念的认识，并让其逐步学会如何管理时间。

1.闹钟

为了早上按时起床，可以选择用闹钟。因为一旦错过时间起晚了，就会产生很多“蝴蝶效应”，比如会减少吃饭的时间，上课容易迟到，吃完饭之后跑了两步结果一上午肚子痛等。 旦孩子进入了学龄期，安排早上的时间对于家长来说都是个不小的挑战。那么定好闹钟，让孩子按时起床就非常必要。基本上，这个闹钟要一直用到上大学。无论在哪里，“守时”都是一个很重要的时间观念，更是一个大家都要遵守的社会规则。

建议家长在孩子上学之初就开始设定起床闹钟。这也是有技巧的。可以与孩子提前约定好，把闹钟放在孩子的床头，设置好早上的起床时间，尽量设置两次，中间间隔10分钟左右，让孩子起床有

一个缓冲期。例如：6: 30铃响了，孩子睁开眼睛，伸个懒腰，躺一下；6: 40铃响了，孩子开始穿衣服下床洗漱，一气呵成。

另外，可以让孩子自己选择喜欢的闹钟和铃声，让他们每天伴随着美妙的音乐开启全新的一天。

2.计时器

计时器或者沙漏也是非常简单的时间管理工具，每个家长都可以为孩子配备一个，帮助孩子建立时间感。那么如何高效使用这些计时器呢？我们可以分为三个步骤：

首先，与孩子共同约定。例如与孩子约定看电视的时间为30分钟，让孩子自己开启计时器，增加参与感，减少排斥。

其次，设置提醒时间。建议家长做两个时间提醒。例如30分钟的看电视时间，要定两个提醒时间，一个是25分钟，一个是30分钟。在结束前5分钟，给孩子一个提醒。等到点儿孩子就会自动关闭电视。同理，计时器也可以用在写作业的过程中，最好配合番茄时间管理法一起用，效果会更好。

最后，设定合适的结束用语。如果孩子在看手机，定时结束后，一般孩子都会比较配合，放下手机去学习。但有一部分孩子还想继续看，不想遵守约定，这时候父母一定要态度温和地坚持约定，但不能情绪失控地抢夺手机。家长要让孩子明白，约定是需要遵守的，孩子就会慢慢理解并接受。

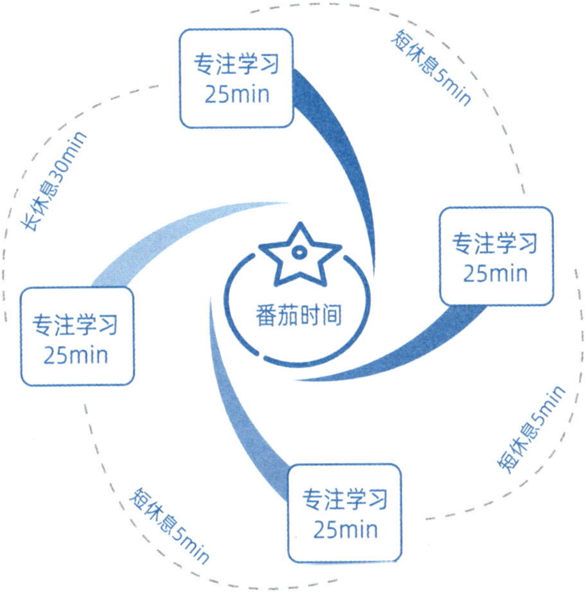

番茄时间举例

3.番茄时间

番茄时间法中的“番茄”来自意大利语中的“Pomodoro”，是指学习或者工作25分钟，休息5分钟，坚持4个“番茄”，休息30分钟的高效学习法，旨在打造人体内部的效率生物钟，让学习8个“番茄”胜过8个小时。这也是一种劳逸结合的高效学习方法。

别让手机代替陪伴，让孩子远离电子设备

电视机、电脑、手机，这一代的孩子自出生就伴随着电子设备，玩电子游戏、刷短视频已经下沉到小学生群体，甚至有的孩子

已经成瘾了。电子设备成瘾只是耽误学习时间吗？可没那么简单！儿童行为学家迪米特里·克里斯塔基斯（Dimitri A.Christakis）研究发现，上瘾大脑与健康大脑在结构上有着明显的区别。健康大脑外观饱满，纹路清晰；上瘾大脑萎缩得像是一颗干枯的核桃。这张图展示了玩手机的孩子和不玩手机的孩子大脑活动的对比。图中可以观察到两者在大脑活动上的差异，表明过度使用手机可能对孩子的大脑发育产生不良影响。

现实生活中有着丰富的信息，孩子的大脑每天都可以接受不同的刺激，因此才能发育得更健康。而一旦孩子习惯接收简化的信息，那么他们对真正的世界就容易失去兴趣，面对丰富的信息时，就会变得迟钝。长此以往，大脑就得不到足够刺激，其结构和功能也会发生负面变化，最终导致这些孩子的认知能力、想象力和思维能力明显落后于普通孩子。

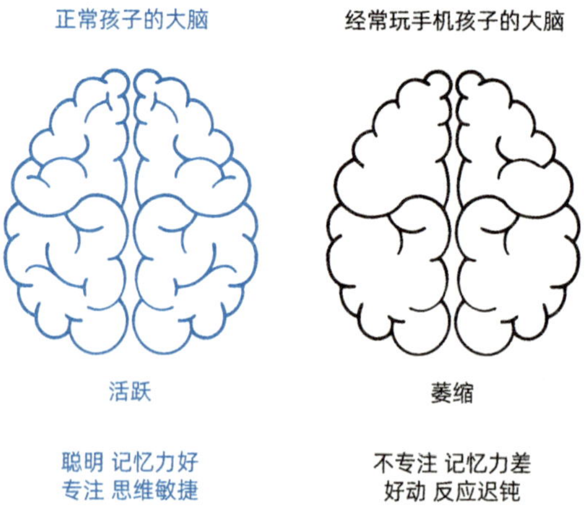

健康大脑和上瘾大脑示意图

电子产品最大的特点是即时反馈。点一下手机，视频、图片、信息、声音等内容就会自动灌输到大脑里去。我们也可以回忆一下，自己短视频刷多了之后，还能看得进去长篇的文字吗?

从出生到5岁，孩子的大脑神经元建立了大量的连接和神经通路，运行速度是5岁以后的两倍。5岁以后，神经演化出一种修剪机制，原则就是有用的就留着，没用的就修剪掉。一旦孩子付出较低的成本就能获得满足，他就会习惯简单直白的互动，没有精力去深度思考。而当需要解决复杂问题的时候，那些沉迷手机的孩子大脑反应慢，对情绪没有感知，因为那些很少用到的神经早被大脑“修剪”了。美国心理学教授、生物学家弗朗斯·德瓦尔（Frans de Waal）指出，“移情”源于对面部表情、肢体语言和语调的识别和模仿。如果儿童把过多的时间花费在电脑屏幕上，他们就很难发展出“移情”。

手机是极度占用注意力的日常工具之一。我们已经知道，孩子的注意力分为主动注意力和被动注意力。长期过度开发被动注意力，会导致孩子主动注意力受损，学习困难、多动。多动症孩子就存在注意力不集中、情绪不稳定等问题。孩子早期接触过多电子产品，就会过度开发被动注意力。过早接触手机带给孩子一种错误的认知：所有事物都是点一下就马上有的。这样的认知，会让一些孩子很难接受现实生活中慢的事情，长此以往会变得急躁、没有耐心，不仅导致孩子后期的注意力受损、情绪不稳定、脾气暴躁，还会引发青春期叛逆，甚至厌学、休学、学习困难等严重问题。如下图所示:

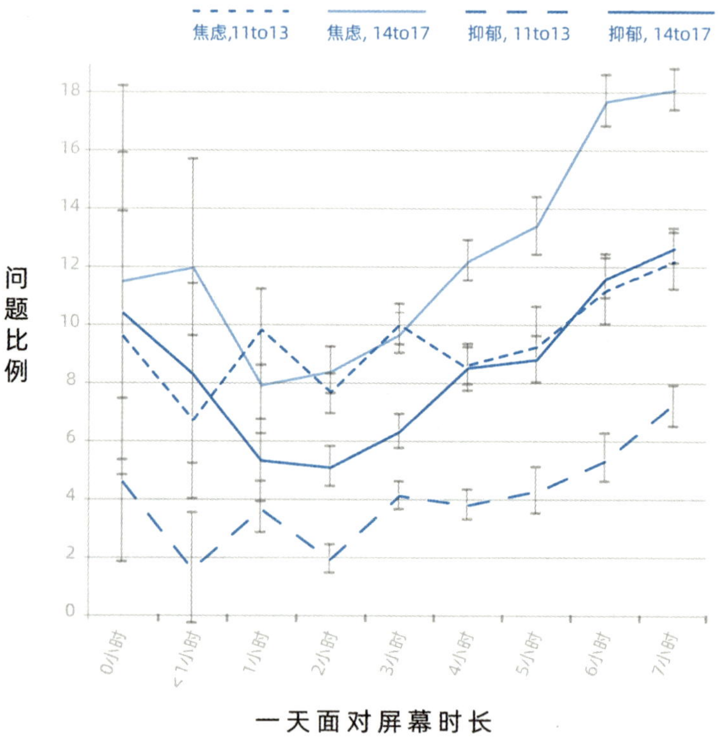

电子屏幕使用时间与孩子问题对比图

根据波士顿儿童医院媒体研究中心的大卫·贝克汉姆（David Beckham）博士的报告，儿童在媒体环境中接触时间越长、强度越大，越容易发展出欺凌行为。此外，布里斯托尔大学在2010年的研究显示，当儿童使用科技产品的时间超出专家建议的每天1—2小时，心理障碍的发病率将增加60%。同时，父母对电子产品的过度使用也会对儿童的心理和行为产生不良影响，这一点不容忽视。

以上实验统计数据显示：随着观看电子屏幕时间的增加，孩子患焦虑症或抑郁症的概率增大。过度沉迷手机，孩子会丧失探索真实世界的欲望。手机为孩子提供了方便快捷的交流方式，也让孩子失去了更多直面交流的机会。有些孩子，在网络世界能言善辩，好友成群，回到现实却少言寡语，不善交际。还有的孩子因为对手机过于依赖，让手机占据了生活的大部分空间，甚至忽略了身边的人和事。虽然互联网社交已成为主流，很多孩子不玩游戏反而无法融入朋友群体，但家长需要正确干预孩子使用手机的时间，别让手机代替父母的陪伴。

5个步骤帮助孩子告别拖延症，养成自律好习惯

相信我们每个人都制订过各种各样的计划，比如背单词、早睡早起等。计划不难制订，愿望也很美好，但是很多计划却很难坚持下去，这是因为有的计划的目标过于“宏伟”，要做到真的很难。其实我们的大脑更喜欢简单的任务，越小的任务大脑越愿意去完成。想让孩子养成自律的好习惯，可以尝试通过以下5个步骤，帮助孩子远离拖延症。

1.选择几个希望养成的微小习惯，并制订计划。注意，选择的习惯一定要微小，且不超过4个，太多了就会适得其反。比如每天背5个单词、练5个字这样的小习惯。

2.安排适合的时间、周期，并借助高效学习工具。例如，四年级孩子要学会使用思维导图，五年级孩子要学会快速阅读。

3.按计划进行。每天不需要花太多的时间，只要按计划进行就毫无难度。例如，每天早上大声朗读3首古诗，阅读2篇英文小

短文。

4.微量开始、超额完成。每天背5个单词非常轻松，所以大多时候我们都愿意多背几个。超额完成任务，能够提高学习的积极性，更容易坚持下去。

5.坚持记录。记录是一件非常有成就感的事，可以把努力的过程可视化。有一天等回看的时候就会发现，原来曾经的自己是那么努力。

第9章

有更多积极情绪的孩子，拥有更高的学习自驱力

从小父母长辈就会教育我们，要庄重矜持，克制自己，不哭、不乱发脾气，流露出夸张的、负面的情绪往往被认为是不好的。所以我们不敢生气，害怕别人看出来而不敢哭，害怕被别人看到自己的脆弱，不敢愤怒，害怕会破坏关系，于是压抑着自己的情绪。那么我们真的不应该有情绪吗？除非一个人麻木不仁，否则怎么可能没有情绪。

不可否认的是，一个情绪稳定的孩子，确实在学习中会更有自驱力，表现也会更稳定。那么，如何做才能教会孩子拥有更多的积极情绪呢？

所有情绪都有意义，教孩子做好情绪管理

心理学家把情绪分为积极情绪和消极情绪，比如符合我们自身需要的愿望，会引起积极的、肯定的情绪，相反就会引起消极情绪。虽然这样区分，但情绪并没有好坏之分，消极情绪也有正向的价值和作用，包含着重要的信息。如果对已经产生的消极情绪不接

受、不解读，它就会反复出现以提醒我们看见。所以，情绪管理不是消灭情绪，而是要理解情绪背后表达的需求，任何负面情绪的背后都有其一定的正面积极意义。

能够控制、了解情绪，是一个人成功的重要因素，也是孩子能够成为学习高手的重要基础。做好情绪调节对一个人的生理和心理都有很大好处，同时还可以减少身体的应激反应。

当下，孩子脆弱的心理状况，已经成为一个显性的社会问题。2021年3月中国科学院心理研究所发布的《中国国民心理健康发展报告（2019—2020）》显示，青年期的心理健康问题较为多发，我国青少年抑郁检出率为24.6%，其中重度抑郁为7.4%。儿童心理健康咨询师珍妮·哈洛兰（Janine Halloran）也提出，“处理压力、焦虑和愤怒是需要学习的重要技能，但并不是所有的孩子都能自然地学会这些”。

如果孩子长期缺乏负面情绪被安放和发泄的机会，就无法学会如何与负面情绪相处，似乎除了回避、否认或者彻底爆发之外没有别的选择。

科学帮助孩子缓解焦躁情绪，家长们可以试试这两个行之有效的呼吸法。

1.爆发式深呼吸法

做深呼吸时，用鼻子吸气，尽量使腹部扩张，然后呼气。做这个练习，需要上下移动身体，开始时直立，蹲下时吸气；然后伸展四肢向上跳跃，同时呼气。

第一步：直立身体放松。

第二步：蹲下时吸气。

第三步：跳跃呼气。

2.火山式深呼吸法

想象你的手和手臂是火山喷出的熔岩吧。

第一步：首先双手手指交叉，手掌向内，置于胸前。

第二步：吸气，双手向上伸起。

第三步：呼气时双手分开，最后手臂落回身体两侧。

此外，也可以尝试利用情绪着陆技术，帮孩子树立相对积极的自我对话模式。成年人大多会有这样的体会：看待自己，以及与自己对话的方式，也会影响我们对待生活的态度。如果总是以消极的心态看待事情，对待生活的态度也会变得消极，反之亦然。孩子心智还不成熟，就更容易陷入消极的自我对话中。

比如他们可能会说：

太糟糕了。

我不行，我做不了这个。

我永远都学不会。

我太差劲了。

因此，家长可以把重塑自己思维方式的方法传授给孩子，让他们多与自己进行更为积极的对话。比如，以上这些消极的话，可以让孩子们以下图中更为积极的方式进行重新表述，这就是情绪着陆技术。这是一种应对强烈消极情绪的方式，也是除正念以外，我们练习专注力的一种有效方法。

从消极到积极	
太糟糕了	把重点放在我能掌控以及进展顺利的事情上
我不行，我做不到	我只是还在学习如何做
我永远学不会	继续加油，还没到学会的时候
我太差劲了	我会继续努力

消极&积极对比图

在日常练习过程中，除了语言表达方式的转变，家长还可以让孩子练习情绪五感着陆技术，帮助孩子消解消极或焦虑情绪，使积极情绪回归。

让孩子先将手置于肩部，再进行深呼吸，然后按照以下顺序调动五种感官，完成之后，他们就容易回到当下，冷静下来，极大缓解消极情绪。

5—看：找出5件自己可以看到的东西，并大声说出来。例如，“我看到了电脑”“我看到了杯子”等。

4—感受：关注自己的身体，找出4件自己能感受到的事物，并大声说出来。例如，“我感觉自己的脚很暖和”“我感觉到了脖子后面的头发”等。

3—听：倾听3种声音，可以是外面车辆往来的声音、打字的声音或者是肚子“咕咕”叫的声音，并大声说出来。

2—闻：说出2种此刻能闻到的气味。如果条件允许，可以去别的地方闻闻那里的气味。如果此时此刻还闻不到任何气味，或者无法更换场所，那就说出 2种最喜欢的气味吧。

1—尝：说出1种能尝到的味道。可以是刷牙时牙膏的味道，或者是午饭过后薄荷糖的清香。假如此刻尝不出任何味道，那么说 1种你最喜欢的味道吧。最后，再以一个深呼吸结束。

虽说孩子也可以自觉调整情绪，但是当情绪排山倒海压过来时，还是需要家长与之一起努力调整的，孩子也希望能得到更多有效引导，把负面情绪释放出来。因此，家长多学习一些呼吸法或者相应调整情绪的方法特别重要。

积极情绪和兴趣，6个提升孩子自驱力的方法

“我不要你觉得，我要我觉得。”这不是一个段子，而是很多孩子心中真实所想。当然，这与家长的教育目标也并不背离。谁不希望拥有一个自理、自立、自强的孩子呢。

什么是内驱力？简单来说，就是一个东西如果我缺失了，我会感到很难受，这种缺失感会推动我去做些事情。

所谓学习内驱力，简单说就是在学习这件事情上的内在的自我驱动。学习属于高级的需要，只有在满足了基本的生理需求、安全需求、社交需求和尊重需求之后，人们才会产生学习需求和自我实

现的需求。因此，唤醒学习内在驱动力的前提是先满足孩子的那些底层需要，这也符合马斯洛需求层次[①]理论。

1.内驱力的天敌

内驱力的培养，离不开父母长期稳定的陪伴和坚持。父母是孩子可以依靠的大树，你枝繁叶茂，你就成为孩子的光，心中有爱、眼里有光的孩子一定爱生活，这才是孩子内驱力的根。不爱生活，学习有什么意义？我的孩子4个月大时就被带着爬长城，1岁就出国旅行，3岁那年孩子突然说：“妈妈，我想多学学英语。”我问：“为什么？”“因为我想玩儿的时候，在机场我可以自己登机。”不断带领孩子探求未知世界，孩子内心的驱动力会自然而然地提上来。高质量陪伴是孩子自驱力的前提，家长现在不管孩子的学习，孩子未来就不得不付出更大的代价去学习。

如果家长一开始为孩子安排了非常紧张的学业，但当孩子的状态达不到想要的结果，家长就气馁或放松了。这一紧一松之间，迷茫的是孩子。所以家长要一路认真引导陪伴，不能一会儿一个方向，在极度放松和极度控制之间来回摇摆，让孩子搞不清楚目标和方向，无所适从。陪伴需要技巧、分寸和场合，不是“凡事强制”，更不是“一路管死”。

2.动力的源泉

内驱力是一个人动力的源泉，是发自内心的热爱，因而内驱力

---

① 马斯洛需求层次理论是心理学中的激励理论，1943 年由马斯洛提出，理论包括人类需求的五级模型，分别为：生理（食物和衣服），安全（工作保障）。社交需要（友谊），尊重和自我实现。

的培养不能量化，看到的绝大多数方法其实都来自个人经验，但经验有时并不可靠。真正的“内驱力”就像种子，是从土壤中生长出来的，不是揠苗助长，而是呵护，考验的是平时的功夫。缺乏自驱力的孩子，学习意愿普遍较低，即使花钱补习也没有效果，没有自驱力的孩子很难成为学霸，相信一些家长对此也深有体会。“补”孩子需要的部分，孩子才会因为学习成绩的提升而动力十足。

3.提高孩子自驱力的7个方法

提高内驱力的方法有很多，家长也可以按照孩子的情况慢慢摸索和尝试，只要用对了一个，孩子的学习意愿度就能提高很多。

首先，请家长务必明白一点：没有不爱学习的孩子。那些厌学的孩子只是因错误的学习方法、学习节奏等而产生了挫败感和无力感。这些感觉很容易让孩子丧失自驱力，此时家长越想让孩子学，孩子反而越容易厌学和反抗，这不是个性，而是孩子们在学习过程中具有的共性。要激发孩子的学习自驱力，绝对不是去提高学习强度，而是要重建孩子对学习的自信心。

方法一：自主权与自由度。

培养孩子的自驱力，家长要注意一个很重要的度，即在可控的范围内放权。也就是说，除了原则性的问题（包括安全、学习时间、睡觉时间等），在玩耍娱乐的时间内家长要给予孩子足够的自由。但需要注意的是，对电子产品的控制要相对严格。

家长在可控的范围内要给足孩子自主权，甚至鼓励孩子去探索，调动他们的积极性。这里分享一个小妙招，就是当孩子玩的时候，如果家长也觉得有意思，就要衷心给予鼓励，还可以给一些小建议，帮助孩子全身心投入，因为孩子做事的时候也希望被看见、被指导，并不希望被否定。

鼓励探索也很重要。小孩的认知能力远远没有达到深度探索的程度，他们兴趣广泛，但通常都是三分钟热度。但当孩子对某些事表现出兴趣时，即便是短暂的，父母也要敏锐抓住，并进一步往深引导。当然，最重要的还是，父母要多陪伴孩子，从而发现孩子的兴趣。

方法二：塑造意义。

在培养自驱力的过程中，不是所有的引导都一定能让孩子产生兴趣和探索欲。在《人类简史》这本书中，尤瓦尔·赫拉利（Yuval Harari）分享了这样一个论述：人类的祖先最初过着采集狩猎的原始生活，他们与野兽猛禽的一个区别是会讲故事，比如去森林采果子，他们会赋予这次行动“去森林捉天使”的意义，然后就兴高采烈地出发了。

赋予意义是我们人类所特有的，比如玫瑰代表爱情，流星来了要许愿，学习好能收获尊重……大家看，当事件有了意义，一切都不一样了，人变得更有精气神了。所以，培养孩子内驱力，家长需要花点心思，认真琢磨，赋予意义。

在积极引导、鼓励孩子探索时，也要赋予这件事一个意义。比如，用积木搭一个小火车，可以将这列火车命名为“复兴号”高铁，然后把高铁的作用等知识讲给孩子。另外还有个小技巧，赋予一些普世价值观更利于激励孩子，比如为人类做贡献、帮助有困难的人，让孩子拥有责任感，提升孩子行为的价值，一般都很有效。

方法三：责任感。

主人翁精神对于培养自驱力也很重要。

日常生活中，让孩子多做主，多做决策，这样不仅能培养孩子的内驱力，还能建立自信。比如在给孩子买东西时，让孩子自己选择，只要他觉得好，就大力支持；家里做某些决定时，也可以征求孩子的意见，即便不采纳，也要解释清楚。因为这个家除了有父母，也有孩子，不能忽略他们的存在。

在这个过程中，还可以适时发起挑战，比如挑战100米跑、挑战爬山、挑战7天早起、挑战1分钟即兴演讲……挑战的规则可以由孩子制定。每次挑战成功都会给孩子积累热情、自信，对塑造内驱力有非常大的帮助。

方法四：感性的力量。

学习属于高阶的需求，只有当底层的生理、安全、归属等需要被满足之后，学习和自我实现的需要才会产生。

在绝大多数情况下，人都是情绪化的。对孩子来说，内驱力受感性因素的影响很大，比如每天睡前读半个小时书，结果有一天情绪不好，大哭大闹，也就没有心思读书了。所以，让孩子处在一个积极的环境中，比如父母恩爱，很少否定孩子，多给予孩子积极正向的鼓励或暗示，这些感性的力量都会为孩子的内驱力注入力量。

方法五：想点大事。

每个人都生活在一个比自己大得多的世界之中，每个人都会面对远超出自身感受的时间和趋势。这时候，拥有一个大的思维格局，对我们处理问题都会有所裨益。可以每隔一段时间组织孩子跳出当下的生活，去想一些大事，比如理想、梦想，再如自我探索、文化、艺术、电影、社会现象等。不被当下现实生活遮蔽双眼和思想，撑大孩子的格局和梦想，会特别有利于塑造孩子的内驱力。

方法六：培养特长。

让孩子拥有一两项特长，对自身内驱力的培养有积极的帮助。

内驱力的成长，也符合马斯洛需求层次理论。让孩子拥有一些特长，对他们来说就是马斯洛需求层次的后三层，即爱与归属需求、尊重需求、自我实现需求。一般来说，在幼儿园时家长们就开始培养孩子的兴趣了，也会报各种兴趣班，比如跳舞、钢琴、游泳、绘画等。到了小学，还会有书法、足球等，这些都有利于激发孩子的内在自驱力。

方法七：不断积累成功。

如果一个人的努力得不到足够的奖励，比如金钱、赞美、地位或是其他，那么他就会开始产生懈怠和焦虑情绪，因为他会觉得自己的努力毫无用处。而一个小小的胜利，就可以让人愿意继续投入和努力。不断积累成功，本质就是一种内在奖励，让我们产生对自身能力的肯定。因此，我们就会不自主地加大投入和精力，而这些资源投入又会让我们下一次更容易获得成功。多让孩子体验成功，会对他们的自信心和学习有很大的帮助。我的方法是不断给孩子设计小的成功体验，比如画一幅画、看一本书、堆一个雪人等。这里一定要注意，家长必须时刻关注孩子这些小的成功，并及时给予衷心的祝福、夸奖等，这样才能最终形成一个小的闭环，才会有效。

以上所有的方法要达到效果，不是做一次两次就可以的，最重要的还是要家长不断坚持。耶鲁大学临床心理学博士肯尼思·巴里什（Kenneth Barish）提出："那些在学业上的表现低于父母或老师的期待的，不愿意完成作业，或者长期厌学，讨厌阅读的孩子，都有可能患有不同程度的注意力或者学习障碍。"如果看不到孩子在学习方面的困难，而一味勉强，只会使他们对学习彻底失去兴趣，产生厌倦抵抗的情绪，最终摧毁他们的自信心。家长一定要及时发现孩子在学习中的困难，寻求专业意见和科学的方法，耐心引导，帮助孩子摆脱无能为力的困境，重新建立对学习的兴趣。

最后总结一下，内驱力有两个重要来源，即积极情绪和兴趣。从这两个方面入手，可以从根本上培养孩子积极主动的世界观和开放接纳新观点、新知识的态度，从而提升他们在学业上的内驱力。

让孩子爱上学习，就需要让他拥有爱上学习的底层能力，这不仅仅需要脑力的提升，更需要心力上的提升。

第10章

打开孩子的好奇心，多角度激活学习的自驱力

家长通过培养孩子的好奇心，就可以从多个角度激活他们的学习自驱力。当然，前提是要了解孩子，为孩子创造不同的环境，才能激发孩子的好奇心。现在，我们就从好奇心这个角度来看看，如何让孩子爱上学习，成为学习高手吧！

好奇心有三个层次。如下图所示：

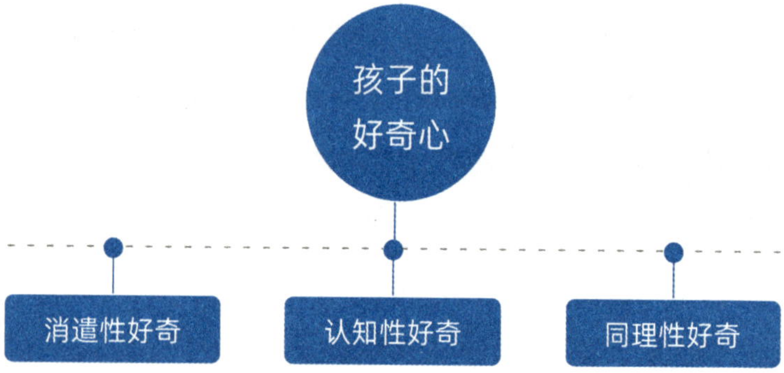

孩子的好奇心

在孩子还很小的时候，他们就会有探索世界的渴望。好奇心就是在探索中产生的。

有科学家做过这样一个科学研究实验：给两个月大的婴儿看一些图片，然后将一些新图片跟旧图片掺杂在一起再给婴儿看一遍，

就可以发现婴儿盯着不熟悉的图片时间更长，这表示他们对不熟悉的图片更感兴趣。

在婴儿阶段，孩子对于一切都充满了好奇。刚出生，他们的眼睛就会盯着看；小手能够将物体拿起来后，他们会开始把任何物体都往嘴巴里面放，用嘴巴尝尝；再之后会爬了、会走了，孩子们可以探索的区域就更大了，他们到处爬，到处摸，想知道周围是什么。这是因为小婴儿对新奇事物有好奇心，科学家们把这种好奇心称为消遣性好奇（Diversive Curiosity）。

消遣性好奇督促着我们去认识这个世界，让我们的视野更广阔，但是它也会让我们在不断更换对象的过程中浪费时间和精力。就像思想家埃德蒙·伯克（Edmund Burke）说的那样："那些仅仅靠新鲜度来吸引我们的事物往往无法让我们长时间关注。"孩子们喜欢玩手机、玩游戏都是在满足消遣性好奇的心理，在让孩子满足这个心理的同时也要给予一定的管理，不然孩子的专注力就会受到很大影响。

如果引导孩子把消遣性好奇进行发展转化，把对一些事物的表面理解和认知深入下去，这个时候，孩子就拥有了认知性好奇（Epistemic curiosity）。认知性好奇能够让孩子超越自我，并在工作和学习中做得更好。不是所有孩子都能拥有主动的认知性好奇，这是小部分人独有的品质，也就是"学霸品质"。但也能通过引导，激发孩子的认知性好奇。比如，一个对科学感兴趣的孩子，最初可能通过简单的科普读物表现出消遣性好奇。但当他对某个主题产生浓厚兴趣时，可以引导他接触更深入、更复杂的科学知识，激发出认知性好奇。

还有一种好奇心称为同理性好奇（Empathetic curiosity），这是一种对他人想法和感受的好奇及深入思考。需要注意的是，对于八卦的热衷依然属于消遣性好奇，而不是同理性好奇。激发孩子的同理性好奇，可以让孩子对身边发生的人、事、物更加敏感和好奇，从而保持积极的人生态度。

好奇心脑科学，是什么在鼓励着人们不断探索？

美国加州理工学院的科学家们进行了一个实验，揭示了好奇心的愉悦机制。他们向大学生提了40个冷门的问题，并同时扫描他们的大脑。实验者要求他们每读完一个问题便在心里猜测答案，并表明是否好奇正确答案是什么。

脑扫描的结果显示那些可以激发大学生好奇心的问题刺激了他们大脑中的尾状核——一个跟学习和爱情相关的位置。尾状核里密布着能够传递多巴胺的神经元。

多巴胺是人类最本能的快乐源泉。孩子们在阅读、跑步的时候都会释放多巴胺。一旦刷上短视频、社交网络等就停不下来，因为电子设备带来的高频刺激让孩子释放更多的多巴胺，感受到了短暂的快乐。好奇心与我们大脑中的快乐机制连接了起来，于是就形成了一种让我们感到欲罢不能的奖赏机制。

多巴胺也可以在孩子的学习记忆中发挥积极作用，使孩子在学习过程中的专注力发生短暂变化。人体内多巴胺分泌增多时，就可以提高长时记忆与空间记忆能力。如果多巴胺分泌减少，则会使人的空间识别能力受损。

在什么状态下，孩子的好奇心会被最大程度地激发？

首先，家长一定要保护好孩子的好奇心，千万不要让他们成为一个喜新厌旧，只会不停地换玩具，却不能深入探索的孩子。比如，孩子在专注于玩拼图的时候，父母切勿轻易打扰，或者直接帮助孩子，这个时候的正确做法是在一边陪伴，而不是直接帮孩子找出拼图碎片。

如果孩子提出需要帮助，这个时候家长可以进一步引导，比如帮助孩子完成拼图游戏，可以给孩子一些寻找碎片的线索，剩下的让孩子自己去找。在引导的过程中，可以给予孩子方法，但是切勿直接帮孩子做他们自己应该去探索的事情。

维果斯基（Lev Vygotsky）提出过一个最近发展区（Zone of Proximal Development）的概念。孩子现有的发展水平，与能够在别人的帮助下实现的潜在发展水平之间的差距叫作最近发展区。孩子只有在自己的最近发展区，才拥有“最有效率的学习”。也就是说孩子的学习力是有潜能的，如果开启了孩子的学习力潜能，那么孩子将有让你“叹为观止”的学习力。这也是我写这本书的核心观点：每个孩子都有自己的潜能，只有真正被激活了，才能在脑力、心力、体力上表现出最优质的状态。

比如一个完全不爱打篮球的人，跟他聊篮球的话题，他大概率没有什么兴趣参与讨论。但是如果我们对于篮球的认知都处于中等程度，那讨论的兴趣就会大大提高，可以聊得畅快得多。在喜欢的事情上深挖，潜能很容易被激活。

爸爸妈妈们大概也有类似的感受：一味地让孩子往前学，当学习的内容越来越难的时候，你会发现孩子开始不太爱学习了；反之，如果对于当下学习的内容孩子可以自由切换，并且游刃有余，他们的好奇心就会驱使自己继续学习下一个部分，学习的内驱力就会逐步搭建起来了。

好奇心是儿童探索世界的动力。学习是一件既困难又不困难的事情。首先在于有没有用对学习方法，如果方法不对，再努力也只是在做无用功；其次，还需要有健康的心理，因为自卑、焦虑和抑郁情绪都会影响考试的发挥，甚至影响一辈子的生活。所以，我们才说：孩子的健康成才，特别需要既懂得教育心理，能提升孩子心理能量，又懂得学习规划的父母。

小结

家长应该站在规划和培养的角度，引导孩子实现自主学习。

首先，通过底层学习能力规划为孩子的未来脑力奠定坚实基础。了解并找准孩子的学习风格，确保努力的方向更为精准。利用简单的时间和精力管理工具，创造有序的学习环境。

同时，注重情绪管理和学习自驱力的培养，唤醒积极情绪，使学习成为一种愉悦而又积极的体验。通过正确的脑力提升方法，激发好奇心，培养孩子对知识的浓厚兴趣。正确的心态调节有助于孩子享受学习的过程，从而激发持久的学习动力。

总之，父母的角色既是规划者也是培养者，通过这些综合方法，助力孩子提升学习能力和脑力，建立积极的学习心态，让他们从心底爱上学习。

第三部分

五维学能提升，科学高效激活孩子脑力

“我家宝贝特别聪明，记忆力也好，就是一考试就马虎。”

“孩子平时学习很好，但一到大型考试就特别紧张焦虑，突然大脑一片空白，分数就不尽如人意。”

“做阅读题和材料题的时候，特别容易跳字串行。”

过去在做教育咨询的时候，我们经常听到家长这么说。但实际上，“马虎”和“紧张”可不背这个锅，即使压力再大，大家也知道“1+1”等于2，吃饭再走神也不会把饭喂到脑门上。考试时的“马虎”“紧张”，从根本上来说，只是孩子的脑力输出状态不稳定，学习的基础能力需要提升罢了。再简单点说，就是阅读时的手眼脑协调训练不够。

只要做到心稳、脑稳、手稳，孩子在大考时就能正常发挥。要想让孩子成为学习高手，家长一定要从提升孩子的基础学习能力入手，即提升专注力、记忆力、阅读力、思维力与领导力，我们称之为“五维学习力体系”。如下图所示：

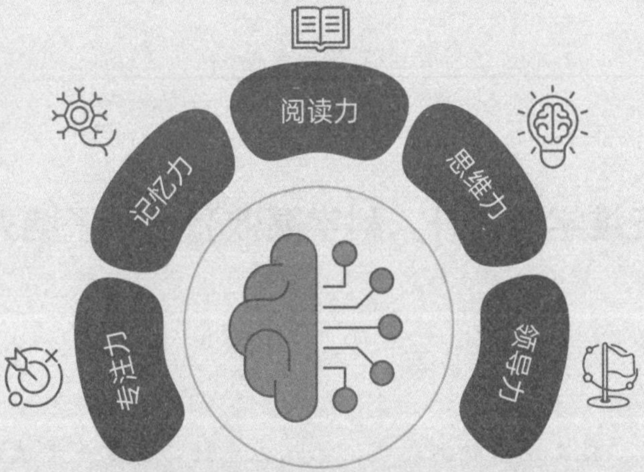

五维学习力体系

“五维学习力体系”中的这五个纬度相互影响，相互支持。比如，专注力提升的第一个突出表现就是记忆力的提升，所以专注力与记忆力是相辅相成的两个能力，在小学阶段就需要快速习得并运用在学习中，才能提升孩子的心能。手稳是一种快速而又高效的输出状态，在阅读与写作中可以高效输出是非常重要的。如果想让孩子拥有高速、高品质的输出能力，可以带他们做一些刻意训练，例如专注力训练、想象力训练、眼速训练、速听训练等，这样的训练还能持续反哺孩子的脑力，使他们做到手稳和脑稳。

关于如何提升专注力、记忆力、阅读力、思维力与创造力，全面科学培养孩子的高阶脑力，我们在本章会给家长很多具体的切实可用的训练建议与方法。

第11章

高效专注力：轻松打造孩子深度专注力

专注力，或者说注意力（Attention），是一种高级认知过程。心理学家埃伦·兰格（Ellen J. Langer）说：“倘若心不在焉地生活，你便看不到、听不到、体验不到许许多多可能让枯燥乏味的生活变得有趣的事情。”意大利教育家蒙台梭利曾说：“孩子成长中最重要、最基本的能力就是注意力集中，注意力又叫专注力。”

如今，孩子专注力缺乏已经是一种很普遍的现象，而专注力缺乏也是很多孩子明明很努力，但是成绩却一直提不上去的主要原因。

我们接待过许多咨询孩子注意力的家长，他们大多是“头疼医头，脚疼医脚”。实际上，专注力不好也要具体问题具体分析，对症下药才行。因为每一个专注力不好的孩子的表现都不一样。只有找到源头，才能彻底解决孩子的专注力问题。

专注力不好的不同表现，有5种类型。

第一种类型：坐不住类型。具体表现为，课堂上坐在那里怎么都不舒服，动来动去。

第二种类型：大脑走神型。与第一种类型恰恰相反，人在教室里老老实实地坐着，也没有小动作，可是一会儿就发现孩子眼神儿直愣了，这脑子不一定飞到哪里去了呢。

第三种类型：拖延型。对于一般孩子30分钟就可以搞定的作业，他非要墨迹到两个小时以上，其间抠鼻、玩手、上厕所。

第四种类型：粗心马虎大意型。会做的题还经常出现各种各样的错误，丢题落题、看错符号、看错数，甚至看错行的都有。

第五种类型：易躁易怒型。对于简单的事情能够做到，但是稍微增加一点难度，就容易放弃，心里也静不下来。

高品质专注力，有4个判断标准

第一，能够迅速集中注意力。例如，当上课铃响起，进入教室并坐在座位上时，能够迅速地集中注意力，全神贯注地听老师讲课。

第二，能够抵御外界干扰。例如，上课期间，能够专注于学习，即使外面环境嘈杂，也不会受到影响。

第三，能够迅速作出反应。例如，在课堂上，老师提出问题时，能够立即作出反应，积极地举手发言。

第四，能够迅速调整情绪。例如，即使在课间休息时与同学发生争执，心情不佳，但一旦上课铃响起，也能够立即放下不愉快的情绪，迅速进入专心听讲的状态。

不同年龄阶段，需要匹配相应的专注力训练

到底什么年龄才适合进行专注力训练？高龄段孩子做注意力训

练还来得及吗？这些是家长们最经常问到的问题。实际上，在孩子成长发育的几个关键节点都需要进行对应年龄的专注力训练，而且不同年龄段有不同的训练方法。

以下是不同年龄阶段需要进行的专注力提升训练内容：

1.幼儿期：感统整合训练。孩子从半岁开始就可以进行感统训练，3岁半起，就可以加入标准的专注力训练。

2.学前期：听觉与视觉的专注力训练。

3.小学一、二年级：视听觉高阶专注力统合训练，学习中的专注力训练。

4.小学三、四年级：记忆背诵中的深度专注力与记忆力训练、高效阅读中的专注力与记忆力训练。

5.小学五、六年级：以心能训练/情绪控制训练为主，让孩子拥有学习动力。

打造高专注力孩子，家长最需要关注的6个高频问题

1.成人专注力与孩子专注力有什么区别？

孩子的注意力和成人的注意力是有大不同的，孩子专注力的明显特点是时长短、易打断、拉不回，这其实也是由孩子独特的认知特点所决定的。

孩子如果出现专注力问题，会有哪些具体表现？

（1）上课易受干扰，无法专注听老师讲课。

（2）记忆力差，记不住，记不牢。

（3）做事马虎，粗心大意，丢三落四。

（4）磨蹭拖拉，做事效率很低，懒散不爱动。

（5）对成功、失败毫无感觉，缺乏信心。

（6）自控力差，不遵守纪律，有攻击行为。

成人已经熟悉了这个世界，所以会习惯性地忽略很多生活中的信息。比如去书架拿一本书，任务就非常明确，走到书架、拿起书，回去坐下来看书。但儿童并不是这样的，任何事物都可能引起他们的好奇心。他们会在去书架的路上，看到一个水杯，于是接了一杯水，顺便去桌子上拿块巧克力，回来又看了一下自己的乐高，走到书架前，又看到了其他书，翻看几下，晃10分钟过去了，书还没有找到呢！

这就是成人注意力和儿童注意力最大的差异之一：成人已经非常熟悉这个世界和环境了，所以能对很多事物采取“自动化”的处理；但是对孩子来说，一切都是全新的、有趣的，都需要学习，所以特别容易被干扰。通过后图我们可以直观感受成人与孩子专注力的差异。

情绪是破坏成年人专注力的主要因素，成人的专注力问题不容易修正过来，而孩子们的注意力可以通过做一些科学训练实现大幅度提升。

根据美国加州大学欧文分校的调查研究，企业员工工作每3分05秒就会被打断一次，而再次集中精力工作需要花25分钟。这就是大部分人无法获得成功的原因。

成人注意力　　　　儿童注意力

成人与儿童注意力区别图

所有的成功人士都有一个共同的特点，那就是专注。家长不要轻易去打扰一个正在集中精力玩儿或者学习的孩子。此时的打扰会对孩子的专注力造成不良的影响。

2.为什么孩子们玩手机和游戏时特别专注，写作业就拖拖拉拉不专心?

什么才是好的专注力？专注力就像是舞台上的聚光灯，让我们把所有的心理资源投注在某一个信息上，同时又排除了其他的信息。孩子可以长时间专注地看手机、玩电脑，却不能长时间专注地做作业，这算专注力强吗？当然不算。

专注力分成两种：

（1）主动专注力：需要付出一定的努力，才能把注意力集中在某些事物上，而屏蔽另外一些事物，比如读书、做作业。

（2）被动注意力：不需要付出任何努力，可以不由自主地就把注意力集中起来的，比如打游戏、看电视。

我们要培养的是孩子的主动专注力，也只有主动专注力才会让学习更加高效。让孩子进行持续有效的专注力训练，可以提升他们的主动专注力。

3.孩子的专注力时间能有多长？

不同年龄的孩子，专注力存在差异。例如3—5岁的孩子基本上就是10分钟的专注力，5—7岁孩子专注力可持续15分钟左右，7—10岁儿童是20分钟左右，12岁以后在30分钟左右，而且都与家庭氛围、生活作息、心理状态有关。

可以用下边的这个公式算出1—6岁各年龄段孩子的专注力时长：孩子年龄乘以3到5，得出的数值就是适合这个年龄段的孩子保持专注力的时长。

假如您的孩子今年4岁，那么，4×3=12，4×5=20，因而这个年龄段的孩子的专注力时长在12分钟到20分钟就非常好。孩子专注力是长一点好，还是短一点好呢？其实合适最好。

孩子在11—12岁才开始有控制长时专注力的能力。其实，每个人的注意力集中时间非常有限，大约在25—30分钟为专注力高峰期。要想保持高效的专注力，推荐大人和孩子都用一下番茄工作法，对孩子写作业也有助益。

番茄工作法是一种劳逸结合的时间管理方法，前边也提到过。我们可以把时间划分为多个番茄时间，每个番茄时间包含两个部分：前25分钟绝对专注做一件事情，叫作种一个番茄，如果出现中断，必须重新开始；后5分钟短暂休息，完成4个番茄时间可以奖励自己放松半个小时。番茄工作法对于提升专注力有意想不到的效果。

专注力足够强的时候，就会产生峰值体验。其实，我们每个人都体验过各类的峰值体验——比如一场激烈的体育运动，或者激情四射的舞台表演，但是我们不会在一边骑自行车一边唱歌的时候有高峰体验。所以，无论对于孩子还是家长，缺乏专注力都会使峰值体验成为奢侈品。只有一个好的专注力才会成就孩子的巅峰人生。

4.什么打断了孩子的专注力？

在我看来，孩子专注力养成上出现的问题，排除掉基因等先天因素，家长需要“背一大半的锅”。

很多家长会有这样的抱怨：“老师，我觉得我们家孩子专注力不行，怎么办？他干什么都静不下心，做事总不认真，学东西东一榔头西一棒子。”还有一些家长会说：“孩子上课不认真听讲，老师经常批评孩子多动，是不是应该让孩子去医院看看，有没有多动症？”

分析过成千上万个孩子及其家庭之后，很容易得出这样一个结论：对于很多家庭而言，想要改善孩子的专注力，恐怕不应该从改变孩子入手，而应该先从家人身上找原因。因为一个不够专注的孩子身边，往往有一个总是打扰他的大人。

不要觉得难以理解和不可思议，我们可以看一下如下场景再现：

（1）孩子正在专注地玩玩具，突然奶奶端着个碗过来了，说：“来宝宝，吃点东西。”

（2）孩子正在专注地看绘本，突然妈妈过来抱起孩子亲上一口，说：“宝贝，你自己看书真棒！”

（3）孩子正在画画，突然爸爸过来问一句：“宝宝你在干什么呢？画什么呢？”

（4）当孩子在探索某些地方，或者在做一些我们不大愿意让他们做的事情的时候，家人会不由分说地直接把孩子抱走，带到另一个环境中去。这其实就是在转移孩子的注意力。

这些场景其实都是对孩子“专注”的打断，且孩子在承受这种“被打断”的时候，通常都是无力和被动的。

也许有的家长还是不以为然：孩子是在玩游戏、玩玩具，又不是学习，打扰一下又能怎样？又没耽误他干正事。可是，大人10分钟、5分钟打扰一下孩子，慢慢地，孩子的专注力时长就会变成5分钟、10分钟。一旦孩子的专注力变差了，在上小学之后，就更难建立稳定的主动专注力了。

5.现代家庭中6个破坏孩子专注力的罪魁祸首

在现代社会中，破坏孩子专注力的罪魁祸首有6个：

（1）移动设备和电子媒体：孩子过度使用移动设备、电视、电脑等电子媒体，沉迷于游戏、社交媒体和在线视频等内容，会分散他们的注意力，使他们难以集中精力进行深度学习和其他任务。

（2）孩子经常熬夜：晚上10点到凌晨2点是脑生长高峰期。经常晚睡，会影响孩子的专注力和记忆力。

（3）多任务处理：现代生活中，孩子们常常面临多种任务和活动，例如同时写作业、看电视、使用社交媒体等。这种多任务处理的状态会导致他们难以集中注意力。

（4）不良学习环境：孩子在学习时，如果周围环境嘈杂、有干扰，或者缺乏良好的学习氛围，也会影响他们的专注力。缺乏安静、整洁的学习空间，以及缺乏规律的学习时间表，都可能分散孩子的注意力。

（5）缺乏兴趣和挑战：当孩子对学习内容缺乏兴趣，或者任务过于简单、缺乏挑战性时，他们可能会失去专注力。

（6）缺乏身体活动或运动：长时间静坐和缺乏身体活动，也会导致孩子注意力下降。身体活动和运动，有助于释放能量和提高专注 力的稳定性和持久性。

为了帮助孩子提高专注力，家长需要注间这些因素，为孩子创造一个良好的学习环境，提供有趣、有挑战性的学习内容，并鼓励他们进行适度的身体活动或者运动。

当然，影响孩子专注力的不仅仅是这些，情绪也是一个非常大的因素。

6.情绪对于孩子专注力的影响有多大？

内在情绪的干扰，是对注意力破坏最大的也是最难控制的干扰。如果一个孩子长期生活在有压力的环境里，比如极度贫困的家庭、流动性特别大的家庭、单亲家庭，或者经常遭受父母打骂，或者受同学欺负、老师羞辱、家人忽视等，孩子身体内就会长期分泌大量的压力激素。这些压力激素最终会造成脑细胞的损伤，甚至脑细胞的死亡。在这样环境中成长的孩子，神经联结密度会比同龄孩子低，大脑发育也会迟缓，比如他们大脑的前额皮质及右颞叶，会比同龄的没有受过这些伤害的孩子体积小。所以，这些孩子容易出现学习能力不足、注意力不集中、社会能力较低及情绪管控能力差等状况，在成年以后也更容易产生焦虑、抑郁等心理问题，当然专注力也会很差。

“冰冻三尺非一日之寒。”孩子的所有问题，并不是一朝一夕产生的。养育孩子的过程中，“防微杜渐”永远比“亡羊补牢”更为重要。为了避免孩子出现情绪问题，家长要懂得识别孩子在不同发展阶段承受的压力，以及知道该如何帮助他们缓解压力，从而提升孩子的专注力。

对学龄前儿童来说，尤其是3岁之前的孩子，最大的压力来自与父母或者其他主要看护人之间的分离。这种分离焦虑在孩子初次上幼儿园时表现得十分突出，孩子又哭又闹不愿意离开家，抗拒去幼儿园。这种类型的压力对孩子并不直接构成心理伤害，心理学称之为“正向压力”，也就是说，克服这类压力和焦虑情绪对孩子来说是有正向积极的作用的。孩子在成功度过这个时期后，心智会变得成熟，承受压力的能力也会变强。

孩子有了不良情绪时，家长该如何帮忙缓解？科学证明，人类皮肤毛囊的接触具有调节孩子体内压力激素水平的作用，比如孩子感到紧张害怕的时候，体内的压力激素会增加，一个充满爱意的拥抱和抚摸，能够降低孩子体内皮质醇的水平，使他们逐渐感到放松和安心。一个孩子身体里的压力激素和正向抗压激素水平很高，那么在面对压力的时候，就能更好地控制自己的反应，也可以更好地投入复杂的学习和记忆任务当中，专注力也就会更好。

孩子在小龄段和大龄段最大的区别在于对世界的感知与对情绪的把控能力不同。关于大龄段孩子的专注力提升，我们先看两个案例。

案例一：一个6岁的小男孩和养母一起过来咨询。从外表看，并不能看出这个孩子和其他孩子有什么区别，只是有些不爱说话。但是如果把他放在一个人为设置的陌生情境中，孩子就会十分警惕地关注着养母的一举一动，生怕她离开自己的视线。极度缺乏安全感和异常的焦虑感，让这个孩子始终处于诚惶诚恐的情绪里，很难专注地玩喜爱的玩具，更不用说集中注意力去学习了。

案例二：小杨是一个11岁的女孩。她的主要外显问题是上课无法集中注意力，考试的时候脑子空白一片，课后抗拒做作业，即使写作业也是拖拖拉拉、磨磨唧唧。在我们与孩子沟通这些问题的时候，孩子突然就情绪崩溃了，一直哭，而且是一种无助的哭泣。与孩子妈妈聊了很久后才了解到，妈妈同样也是一个非常焦虑的人，专注力也不好，聊天的过程中眼神不知道放在哪里。孩子爸爸因为工作忙碌，平时很少回家，更很少陪伴孩子成长与学习，这是一个典型的“缺席的爸爸+焦虑的妈妈”模式的家庭。

尽管平时小杨学习特别认真，在妈妈的安排下上着各种各样的辅导班，妈妈和孩子都非常努力，但小杨的心理长久以来承受了太大的压力，这样长时间的承压让孩子越来越崩溃。

这两个案例里的孩子，虽然文化背景不同，家庭环境不同，困扰孩子的事情也不一样，但都有一个共通点：孩子的负面情绪已经严重干扰了他们的专注力，以及所有的学习活动。

所以，那些原生家庭有问题的孩子、单亲家庭的孩子，或者有童年阴影的孩子，未来在学习上的专注力通常不会太好。除非孩子接受了心理调节或者做了刻意训练，不然终生都会受到专注力的困扰。

从6岁开始，孩子逐渐开始接受学校的正规教育。上小学后，他们生活和学习的范围也比之前扩大了很多，这时他们的主要压力是学业压力和同伴压力。在学习方面，怕考试成绩不好而被老师责备、被家长骂、被同学笑话；在人际关系方面，怕被排斥、不受欢迎、被霸凌等。这些压力，如果聚集在一起，对孩子的心理承受能力会是一个巨大的挑战，在青春期时更是如此。

这个时期，有些压力虽然存在损害大脑的潜在风险，但是发生概率很小，而且即使发生，大脑也有时间进行恢复，比如搬家转校、亲友的死亡、父母离异、重大自然灾害等。如果处理得当就不会有永久的伤害，心理学称这样的压力为“可承受的压力”。

孩子面对种种压力时，家人应密切关注孩子的心理和情绪状态，耐心陪伴和开导孩子，帮助他们度过这一段特殊时期。必要的时候，可以请心理咨询师介入，通过专业的方式防止巨大压力对孩子的大脑和心理造成永久损害。

除了前面说过的正向压力、可承受的压力，还有一类压力叫“有毒压力”。比如长期生活在充满暴力（可能在身体上遭受了暴力，也可能是情感上的虐待和羞辱）的家庭，再比如在校园里长期受到同学的排斥和欺凌等。这类压力会持续激活孩子的压力应激系统，会对大脑、心理和行为造成消极影响，甚至是不可逆的影响。

这些孩子的专注力会非常差，也没有控制主动专注力的动力。

所以上初中以后，如果孩子的专注力和情绪突然出现了问题，家长们一定要耐心与孩子沟通，找到隐藏在背后的压力来源，从而帮助孩子重新回到正常的抗压范围内。

一个12岁左右的女孩和我儿子在同一个机构学习弹钢琴。一次接孩子的时候，老师让大家一起弹一首曲子，孩子们的家长也都在场。那个女孩的爸爸正好站在我旁边，他全程怒目而视，时而一脸嫌弃，还时不时地说孩子这里弹错了，那里感觉不对了。身边站着一个这样的爸爸，孩子能专心弹琴吗？一个青春期的孩子，如果得不到家长的鼓励与支持，她会怎么样呢？

在成年人的世界里，压力和焦虑无处不在，每个人都或多或少有一些情绪问题。为了更好地保护自己和家人，尤其是弱小无助的孩子，如何及时调节和控制情绪，就需要家长的大智慧了。

7.家长如何帮助孩子提升专注力？

第一，为孩子打造一个专属的无干扰空间。

请给孩子一个可以不被打扰的空间吧！哪怕是一个不大的空间，不管是写字台、游戏垫还是游戏桌都可以。我们也要告诉孩子，在这个空间里，你可以做任何事情：写作业、玩玩具、读读书、画画，甚至发呆。与此同时，这个空间应该尽量选择在一个安静的书房或者卧室里，要听不到电视机的声音，闻不到厨房的香味，听不到人来人往的脚步声。在这里，孩子可以安全地专注地做自己想做的事，同时，也要给家里的其他人树立一个界限感：孩子在他的空间做自己的事，我们不要去打扰。

第二，家长要学会如何“打扰”孩子。

如果孩子正在学习，或者正在专注地做其他事情，而家人需要一起出门吃饭，这时该怎么去“打扰”孩子才更合适、更有效呢？家长可以首先口头告诉孩子，比如“10分钟后我们穿衣服出发去聚餐”，然后上好一个10分钟的计时器。10分钟后计时器响起，家长就在客厅准时等着孩子。

很多时候，孩子会主动结束正在做的事情，起身和家长交流后续的安排，而家长此时就可以把计时器关掉了。如果孩子依然处于专注的状态，计时器的持续铃声会成为一种代替家长的中立干扰，家长可以在铃声响了30秒后，再主动和孩子交流一下。从一些实验过的家庭的真实反馈情况来看，这么做的效果还是不错的，既不会让孩子因为专注突然被打断而情绪不好，也会为他从专注中抽离提供一个相对缓和的空间。

第三，让孩子学会不分心，一次只做一件事。

对于高强度的学习而言，应当尽可能地保证每个时间单元只做一件事。

“一心多用”的实质是切换当前的工作记忆，例如，我们正在做一道数学题，刚做到一半觉得肚子饿了，去吃个水果，回来是否还能继续刚才的解题思路？答案是否定的。科学研究显示，每个人平均保持专注力的时间，是在持续做一件事10—15分钟之后，我们以为只是花了5分钟去吃水果，但实际上浪费的时间却是15—20分钟。所以，如果孩子打算做某一件事的话，请务必“只”做这一件事，最好让他们给自己设定一个时间期限，在此期间就不要做其他事情了。

第四，设定番茄时间，保证设定时间内的高效学习。

除了专注力有限，我们的精力——体能、情感、意志力、思维也都是有限的。所以需要限定学习或工作时间。

第五，让孩子保持精力充沛，为专注力供应“燃料”。

保持精力充沛的最有效的方法就是休息与运动。

（1）保证睡眠时间。晚上10点到凌晨2点为脑生长高峰期。经常晚睡，会影响孩子的专注力和记忆力。即使是在高强度的学习工作下，每天都应该保证至少6小时的睡眠时间。即便到了初三或高三的冲刺阶段，充足的睡眠也一定是高效学习的基础。

（2）保证作息规律。所谓的规律，指的是不因为周末了就赖床，不因为快考试了就熬夜或者特意早睡，将每天休息和学习的时间尽量固定。因为对于身体来说，每一次调整作息都需要耗费额外的精力，并且需要更多的时间来适应这种改变，这种内耗会非常影响专注力。

（3）保证午间休息。午间休息并不完全等于睡午觉，而是指在中午的时候有意识地让自己放松，可以是午睡、闭目养神、听轻音乐等。休息是恢复精力的最好途径。

（4）保证周期性的放松。在完成一个相对长期的学习计划或学习周期（如月考、期末考试）后，在开始下一个周期之前，可以有计划地给自己一段时间放松一下。但放松并不等同于放纵，如果“放松”过后身体更加疲劳，则需要调整放松的方式。

（5）保证每天都有一定的运动量。运动能够激发身体活力（改善大脑供血、增强抗压能力等），所以每天保证适量的运动也是非常必要的。

归根结底，保持良好的生活习惯，能够减少精力消耗。培养孩子的专注力，管理好精力，保持高效的学习工作状态，什么时候开始都不晚！这些方法不仅适用于孩子，对于注意力不很集中的成年人来说也有效。

家庭、父母，本应该是孩子内心安全的港湾，是他们躲避外面风雨的栖息地，但是有的家庭或父母却成了孩子生活中最大的压力。可以想象，每天经受这样巨大心理压力的孩子，没办法专心读书、听课、学习、写作业，因为他们很大一部分心理能量都用在应付父母上了。我们经过对大量孩子的访谈也发现，很多孩子80%的精力都用在与父母博弈上，而没有用在学习上。

专注力是一项高度复杂的高级认知过程，容易受到多种因素的影响。仅仅通过让孩子参加以游戏为主的专注力训练课程，虽然短期内可能会有一些效果，但要实现长期和根本的改善，需要提高孩子的学习记忆力，培养他们主动专注的习惯及良好的时间管理能力。

总的来说，小龄段孩子的专注力可以通过一些小游戏来调整，到了大龄段后，关键还是要让孩子拥有良好的情绪控制能力与学习自驱力。

第12章 超强记忆力：一个模型让孩子秒变记忆高手

好的记忆力=高速记忆+高准确率+长时记忆

记忆的途径可以来自多个方面，包括感官输入、情感体验、语言交流、思考和想象等。具体来说，我们通过视觉、听觉、触觉、味觉和嗅觉等感官获取大量的信息，并将其存储在大脑中。加强五感刺激是增强记忆的有效方式。虽然五感对记忆力都有影响，但是科学研究发现，视觉和听觉对记忆力的影响更为显著。

视觉信息可以通过图像、颜色、形状等多种方式进行呈现，这种形式的信息更容易被大脑处理和记忆。例如，在学习新知识时，通过图表或者幻灯片等方式呈现，可以更好地帮助孩子识记知识点。

听觉也是重要的感官之一，人们可以通过听到的声音来识别和记忆事物。例如，在学习语言时，通过听老师的讲解或者音频来学习语言，可以更好地帮助人们记忆单词和语法规则。此外，听音乐也可以对记忆力产生积极影响。研究表明，听古典音乐可以提高人们的注意力和记忆力。

除了视觉和听觉外，嗅觉、味觉和触觉也对记忆有影响。例如，在获取新知识时，在特定的气味下学习可以帮助人们更好地回想起相关知识点；在品尝特定食物时，也会引起与之相关的记忆；通过手写笔记来学习时，手指运动所产生的感受也有助于加强对知识点的印象。

总之，感官对于人类记忆力具有重要作用。可以利用各种感官刺激来强化学习过程中的信息输入，并将其与个人经验联系起来，在大脑中形成更为深刻、持续且准确的记忆。也可以利用这个科学原理，帮助孩子拥有超强记忆力，秒变记忆高手。

简而言之，记忆来自五种感官系统，即视觉系统、听觉系统、触觉系统、嗅觉系统、味觉系统。记忆按来源可分为视觉记忆、听觉记忆、触觉记忆、嗅觉记忆与味觉记忆。其中视觉记忆占总记忆的70%—85%，听觉记忆占15%左右，其他几个系统记忆占5%以内。因此，增强记忆应以视觉记忆、听觉记忆的提升为主，提升孩子的五感敏感度，增加孩子的记忆时长。

一首新的古诗，你读几遍能背下来？几天就会忘记？什么样的记忆表现才算是好的记忆力呢？

1.记忆的速度：相同的古诗文、相同的单词本，不同孩子记住用的时间不同。因为每个人记忆的速度有很大差异，这就要区分是视觉型记忆、听觉型记忆，还是视听统合型记忆。

2.记忆的准确率：判断一个人的记忆力好坏，不仅看速度，还要看准确性，如果背书速度很快，但总是马马虎虎、漏洞百出，那到关键时刻就会出现很多错误。记忆要又快又准才行。

3.记忆的持久度：记忆按持久度分为瞬时记忆、短时记忆和长时记忆。大部分孩子在小学阶段的记忆力都非常好，又快又准，可问题是过几天再去问的时候，就会忘记一部分。记忆的持久度是衡量记忆好坏的重要指标。

（1）瞬时记忆：也叫感觉记忆。一般是0.25—1秒，最长不会超过4—5秒。如果不经过大脑加工，所记的内容很快就会消失，若经过加工，就会转入短时记忆。

（2）短时记忆：也叫工作记忆。一般不超过1分钟。短时记忆是信息从瞬时记忆到长时记忆之间的一个过渡阶段。

（3）长时记忆：一般超过1分钟以上，直至几天、几周或数年。长时记忆如果经过大脑深度加工变成“肌肉记忆”，则会终生不忘。

因此，好的记忆力=高速记忆+高准确率+长时记忆。

记忆力最大的敌人是“遗忘”，所以抗遗忘复习非常重要。这里我们要提到一个重要的人，那就是德国心理学家艾宾浩斯。艾宾浩斯遗忘曲线整理了大脑遗忘的规律。遗忘曲线告诉我们：你认为已经记住的一些内容，1小时后，会忘记一半；1天之后能记住1/3内容；一周以后只能记住1/4内容；1个月以后就剩下1/5内容。剩下的记忆忘得就很慢了，主要是也没剩下多少记忆了。抗遗忘最好的方式就是抗遗忘复习，所以定期的复习是必要的。

记忆所有内容都需要做抗遗忘复习，从而增强脑神经元链路的稳定性。抗遗忘复习到底需要多少次呢？复习节奏的最佳选择就是按照艾宾浩斯遗忘曲线的时间点做记忆推送，从而增强记忆系统。

如下图所示：

艾宾浩斯遗忘曲线

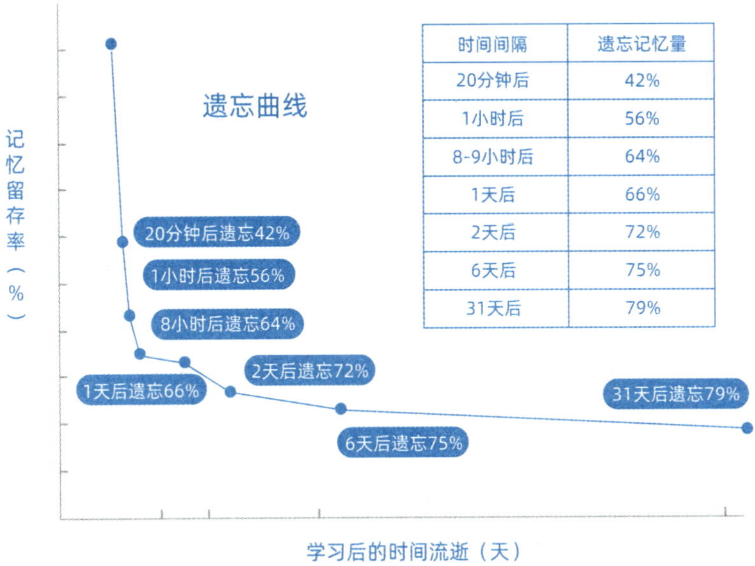

时间间隔	遗忘记忆量
20分钟后	42%
1小时后	56%
8-9小时后	64%
1天后	66%
2天后	72%
6天后	75%
31天后	79%

有老师做过一个实验，两组学生分别背诵一段古文：

◎ 甲组在背诵古文后不再复习，1天后记忆留存率为35%，1周后只剩下20%。

◎ 乙组按照艾宾浩斯遗忘曲线复习，1天后保持记忆率98%，1周后保持86%。

这个实验可以充分说明抗遗忘复习的重要性。

激活孩子记忆力的一些科学有效的方法

记忆是一个主动的过程，有很多方法可以提升记忆力。

1.专注力对记忆力的影响

专注力是记忆力的前提。如果一个孩子专注力不好，而且是视觉专注力不好，那视觉记忆力就会受到影响，如果是听觉专注力不好，那听觉记忆力也不会好。所以在3—6岁这个年龄段，家长一定要观察孩子的专注力，并及时做有针对性的专注力和记忆力训练。

2.情绪对记忆力的影响

积极的情绪会对记忆力有促进作用；不好的情绪，比如焦虑、抑郁、狂躁、愤怒等，则会影响我们的思维逻辑和记忆能力，长期还会导致记忆力减退。

3.阅读对记忆力的影响

会快速阅读的孩子，记忆力通常会越来越好。孩子在推进阅读速度的时候，大脑为了分析进入眼帘的大量文字信息，记忆力、反应力与思维的速度都会加速，这些都可以刺激大脑智力发育。

4.运动对记忆力的影响

人体在有氧运动的过程中可以保持身体细胞处于活跃的状态，在运动后进行学习，会大幅提升记忆力。例如孩子打完篮球回来，坐下来休息5分钟并喝点水，再开始学习，这时他的记忆力会大幅提升。

5.饮食对记忆力的影响

在学习的时候需要多喝水。因为大脑在运作的时候需要水、能量和氧气的完美平衡。如果缺水，平衡就会被打破，大脑的工作效率就会降低。所以孩子在学习的时候，即使并没有感到口渴，也要及时补充水分。

考试前可吃点坚果。坚果带来的糖代谢为1个小时到1个半小时，这可以为大脑提供葡萄糖需求基础值，从而帮助我们维持专注力，进而提升记忆力。

6.休息与记忆力

定期休息有利于大脑将有关联的信息整合在一起。据报道，美国纽约大学兰贡医学中心的一项研究首次证明，在学习后睡觉能够促进神经树突增长。因为深睡期间的脑细胞活动对于树突的生长非常重要，所以孩子们睡前半小时最好学习与记忆相关的内容，这样当孩子进入深度睡眠的时候，这部分记忆会成为长时记忆。

R^3速记模型：一天如何做到速记300个单词

相信很多中国学生都有过背英文单词所带来的噩梦般经历，也买过各种厚如砖头的单词书，但现实是，很多人往往连字母A开头的单词都没背下来，记忆最深的单词就是abandon（放弃）。

不同科目有不同的记忆方式，文科类学习尤其需要高效记忆。下面为大家介绍一个用来速记英文单词的模型——R^3速记模型，这也是被数万家长和学生验证过的高效记忆模型。

R^3速记模型理论中，提高单词记忆能力和效率的关键，是要提升大脑对单词的敏感度，并且要从听、说、读、写四个方面着手。在这里要特别强调一个概念：要想实现单词的高效记忆，首先要打造大脑对单词的敏感度。这个敏感度通俗来说就是产生肌肉记忆，即在说出英文的1秒内大脑迅速反映出汉语意思，或在说出汉语的1秒内可以迅速反应出对应的英语单词。只有单词在大脑中形成的神经元链路稳定了，才会拥有单词的长时记忆，才会在阅读、听力与沟通中提升单词应用的准确率。对单词的这种敏感度是争取英语听说考试满分的前提。如果大脑的单词敏感度没有打造出来，未来的阅读也会受很大影响。如下图所示：

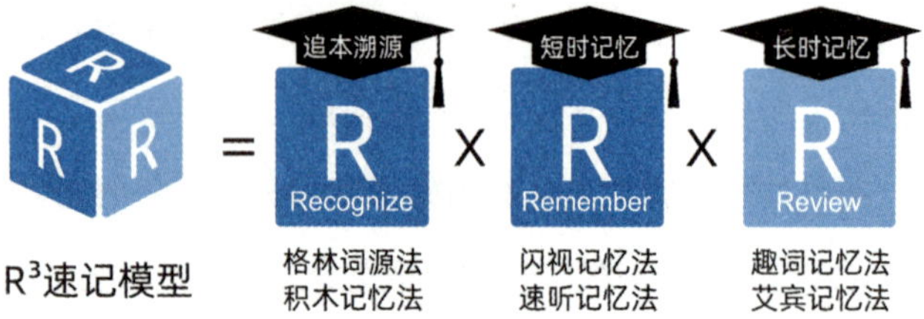

R^3速记模型

R^3速记模型完成了单词从瞬时记忆到短时记忆，最后拥有长时记忆的过程。通过识、记、忆三部曲，让单词记忆变得轻松而又有趣。

R^3速记模型有6大方法：

1.格林词源法

格林词源法可以让孩子快速掌握构词规律和词根词缀，从而追本溯源。在实际训练过程中，需要先让孩子掌握单词结构。

◎ 了解单词如何构成。如下图所示：

单词的构成

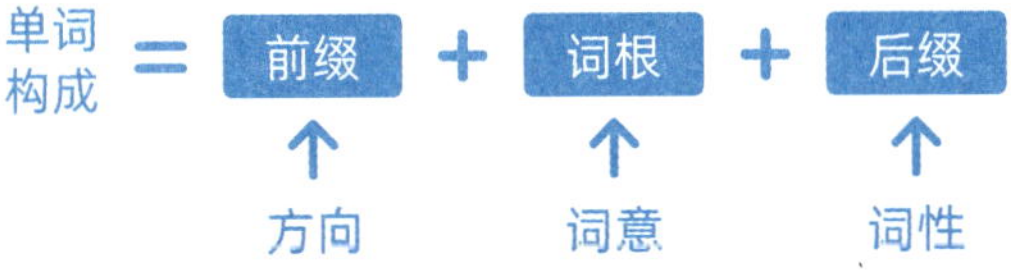

格林词源法之单词构成

◎ 了解单词的词源从哪里来。如下图所示：

了解单词的词源从哪里来

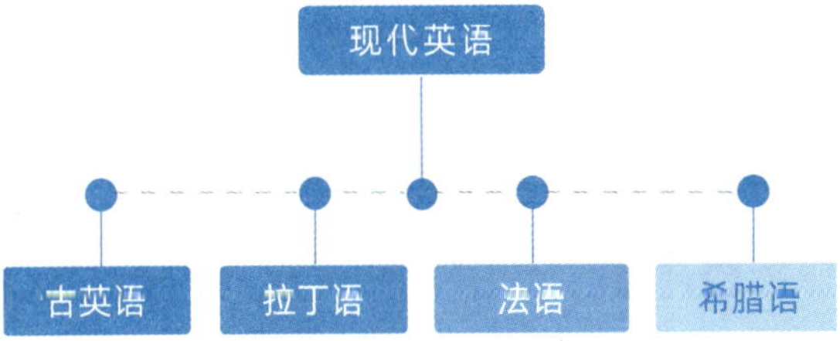

格林词源法之现在英语的来源

◎ 了解同源单词是如何演化的。

学了格林词源法之后，孩子即使遇到不认识的单词，也能猜出意思来，这对于他们未来的英文阅读非常有帮助。

2.积木记忆法

根据单词的词根词缀，将单词按模块进行分解记忆，称之为积木记忆。生动有趣的词根词缀分解，增强了孩子对单词的了解与情感，从而提升孩子在单词记忆过程的主观能动性。这也是记忆的第一要素：喜欢并相信自己可以记住。下面选择两个单词进行举例：

progress和regress，是一对反义词，词根都是gress，一个前缀是pro，代表正向、向前；一个前缀是re，代表反向、向后。前缀代表单词的方向，从而可以快速地分解并记忆单词。如下图所示：

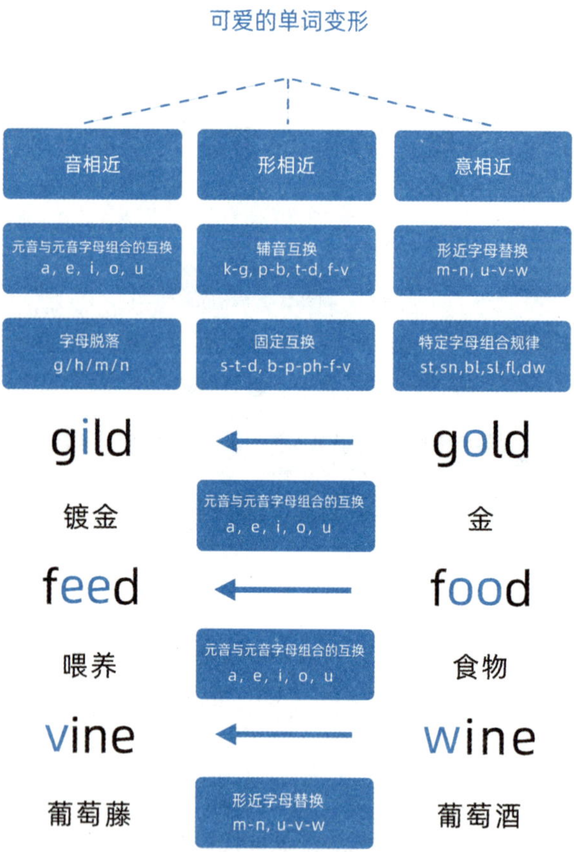

格林词源法之单词的变形

单词分解举例

格林词源法之单词的分解举例

◎ 孩子们需要多少单词量，才可以从容面对中考和高考？

每个年代的课标对于孩子们的单词量有不同的要求。2022年制定的课程标准中，要求小学毕业达到800单词量，初中毕业达到2000单词量，高中毕业达到3500单词量，大学四级4600+单词量，六级6000+单词量，研究生6500+单词量。

而要出国学习的话，8000单词量是雅思考试高分的基础要求。GRE需要达到的词汇量是12000个。还有一个认可度较高的剑桥英语考试体系：KET需要1800+单词量，PET需要3000+单词量，FCE需要6000单词量，CET需要1.5万词汇量，CPE需要超过2万词汇量。母语是英语的成年人词汇量是2.5万—3万。

定期测试单词量，能掌握孩子英语学习的情况，再根据词汇量的多少做相应的听、说、读、写训练。如果中考英语想考满分，单词量要达到4500个以上。如果高考英语想要达到145分左右，单词总量要达到8000个。

◎ 这么多单词，到底怎么分类？

任何语言体系的构成，都是有一定规律的。只要研究透语言的内部规律，语言学习就会事半功倍。简单来说，英语单词大体上可以分为原生词、派生词和合成词，当然还有缩合词，例如早午茶Brunch，是由早餐breakfast和中餐lunch缩合而成的早午茶Brunch。在单词形态里，派生词的量是最大的。如下图所示：

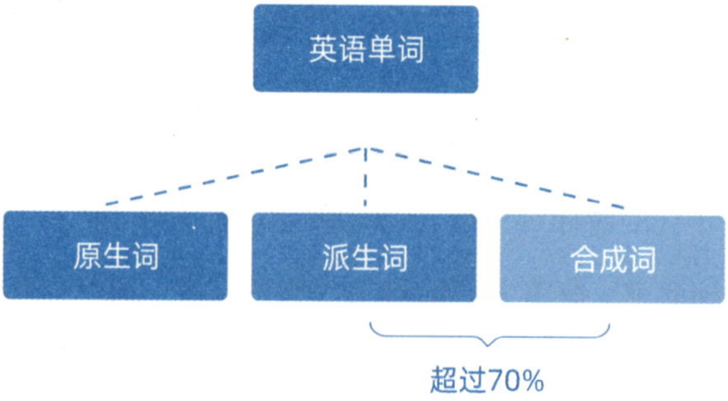

格林词源法之单词分类

传统的背单词方法用的是加法，而用格林词源法背单词则是乘法。只要熟悉和掌握更多的词根词缀，单词的记忆就会变得越来越简单。总有人问："长单词好记，还是短单词好记？"实际上，我们记的单词越来越多时，就会发现长单词好记。下面我们一起来看看单词是如何裂变的。如下图所示：

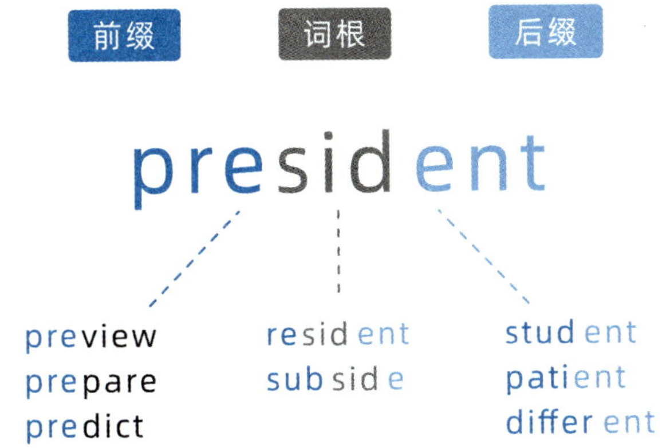

格林词源法之单词拓展1

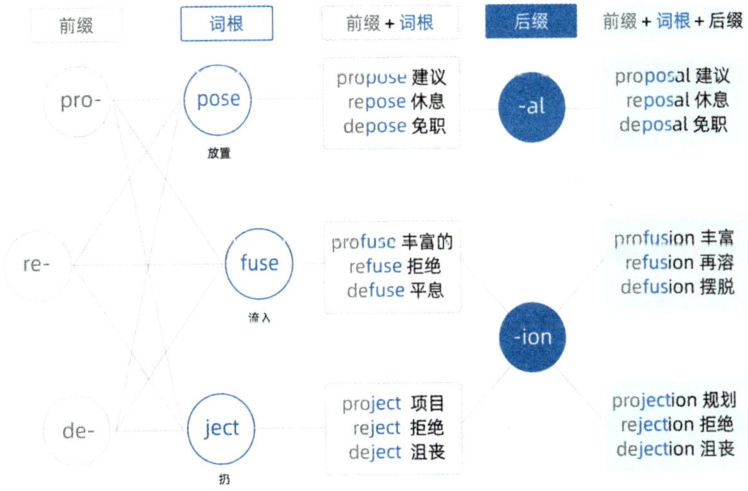

格林词源法之单词拓展2

格林词源法是特别实用有效的单词记忆方法，但如果仅仅用这个方法学习，部分单词能生成短时记忆，但更多的是瞬时记忆。这个方法可以更大程度地激活孩子学习英语的乐趣，告诉孩子英语单词原来可以这么分解，可以这么记，使他们对背单词产生兴趣，但如果后续没有深度训练，那就会事倍功半。

3.闪视记忆法

闪视记忆法就是通过单词快闪刺激视觉神经的记忆系统，从而提升视觉专注力与视觉记忆，达到对单词的短时记忆的方法。我们对刚满三个月的孩子进行闪视训练，基本上速度是1秒钟3张图片。闪视训练不能太慢，这种连续不断的刺激可以搭建图像或者信息在大脑神经元链路的稳定性。

◎ 闪现记忆法的好处

闪视记忆法是一种运用视觉和联想来记忆信息的方法，它的好处如下：

（1）提高记忆效率：有助于促进右脑的开发。可以培养孩子的瞬间记忆力，快速记住信息，提高学习效率。

（2）增强记忆深度：通过联想和视觉化的方式，可以帮助孩子更深入地理解和掌握所学知识。

（3）延长信息保留时间：用闪视记忆法可以将信息与图像联系起来，培养孩子大脑中的图片记忆能力，这种方法可以帮助孩子更长时间地保留所学知识。

（4）提高创造力：闪视记忆法需要人们进行创造性的联想和构思，这有助于提高孩子的创造力和思维能力。

闪视记忆法具体的使用方法是，以1秒2—3张单词图片的速度闪给孩子速看，速度越快越好，是激活孩子早期眼脑协调能力非常好的方式。图像记忆能力不同于“左脑”的线性记忆，是“右脑”特有的一种记忆能力。记忆力不好的孩子可以通过闪视训练培养出全新的图像记忆模式。前面讲到了视觉记忆是五感记忆中最重要的部分，所以在R^3速记模型中，视觉记忆的训练尤为重要。

◎ 为什么闪视训练的速度要这么快？

闪视训练的目的是让孩子能够快速、准确地识别单词。因此，基本的训练要求就是快速呈现单词，以刺激孩子的大脑对单词进行快速处理。此外，不断重复呈现同一组单词，可以帮助孩子加深对这些单词的记忆和理解。闪得速度越快，越能提高学习效率和记忆效果，这是因为快速闪现可以引起大脑的注意力，增强记忆深度和长期记忆效果。闪现速度越快，越能刺激大脑中的神经元，促进神经元之间的连接和信息传递。因此，在学习过程中使用高速闪卡进行闪视训练，可以帮助孩子加强记忆效果，提高学习效率。

◎ 这么快能看清楚吗？

在闪视训练中，每个单词只会出现非常短的时间（通常控制在0.5秒以内），这确实会给孩子带来一定的挑战。然而在经过一定次数的重复后，孩子会逐渐适应这种节奏，并且能够准确地辨认每个单词。在闪视训练中，文字或图片会以一定的速度在屏幕上出现和消失，虽然看起来很快，但还是可以被清晰地看到。这是因为人类眼睛对于光线变化非常敏感，在极短时间内就能够感知到变化。

例如，在一项科学研究中，研究人员对两组学生分别进行普通阅读和闪视阅读练习，并测试了他们在阅读理解方面的表现。结果显示，在经过10次重复后，进行了闪视阅读练习的学生表现出了更好的阅读理解能力。

◎ 这么快能记得住吗？

虽然在开始时，孩子可能需要一些时间来适应这个节奏，并且可能需要多次重复才能记住所有单词，但是通过不断反复呈现同一组单词，并结合其他学习方法（例如速听、朗读等），就可以帮助孩子更好地记住这些单词了。

闪视训练并不是要求孩子完全记住所有出现的文字或图片内容，而是通过反复浏览、加深印象来提高记忆力与阅读理解能力。实际上，在日常生活中我们也经常会遇到需要迅速浏览大量信息并进行筛选、提取关键信息的情况，这时候就需要有一定的阅读速度和理解能力。因此，闪视训练可以帮助孩子增强记忆力，大幅度提升阅读能力。

4.速听记忆法

速听训练是一种旨在训练听力技能的方法，可以提高听力理解能力和听取信息的速度。在速听训练中，学习者会接受一系列快速播放的音频材料，例如演讲、新闻报道、对话等，并被要求尽可能快地理解和记录所听到的信息。这种训练可以帮助学习者更好地应对日常生活中快节奏的语言环境，例如面试、会议、演讲和考试等场合。

◎ 速听训练的好处

（1）提高听力技能：速听记忆法可以帮助人们提高听力技能，更好地理解和记忆所听到的内容。

（2）提高记忆力：速听训练有助于更好地记住所听到的信息，尤其是在短时间内需要记住大量信息时；也可以帮助我们更好地刺激大脑神经元之间的连接，并加强这些连接。

（3）提高学习效率：速听记忆法有助于更快地学习和掌握知识，提高学习效率。

（4）增强注意力：速听记忆法需要集中注意力，这有助于增强注意力和提高集中精神的能力。

（5）增强自信心：通过使用速听记忆法，可以更好地掌握知识，并在考试或工作中表现得更加自信。

（6）提高工作效率：对于需要频繁处理大量信息的工作，使用速听记忆法可以提高工作效率并减少错误。

◎ 日常的速听练习，用什么速度最好？

速听训练的最佳速度因人而异，取决于个人的听力水平和训练目的。一般来说，初学者可以从慢速开始，逐渐提高速度。建议初学者从每分钟120—140个单词开始练习，逐渐提高到每分钟160—180个单词。有经验的速听者，可以在更快的速度下进行训练。但需要注意的是，在进行速听训练时不要过分追求速度而忽略了理解和记忆信息。

5.趣词记忆法

趣词记忆法即通过大声循环朗读，快速闪视跟踪，同时激活眼脑、耳脑与口脑的协调，从而快速提升大脑对单词的敏感度，打造更加稳定的神经元链路，拥有单词的长时记忆。大声朗读可以同时激活眼睛、耳朵和口腔，让我们更容易记住单词的发音、拼写和意义。

◎ 趣词记忆法的好处

（1）提高注意力：大声朗读需要集中注意力，有助于更好地理解单词的含义。

（2）增强自信心：通过大声朗读，可以增强自信心，提高口语表达能力。

（3）加速记忆速度：通过循环朗读和闪视跟踪的方式，可以加速记忆，更好地掌握单词。快闪快读，循环速读，会提升孩子大脑神经链路的稳定性，从而形成长时记忆。

趣词记忆法通过大声循环朗读、快速闪视跟踪等方式激活孩子的多个感官，提高注意力，增强自信心，提升记忆速度，是一种经过至少两万人验证的非常有效的记忆方法。这个方法做到了眼、耳、口的协调训练，在对单词的听、说、读进行大量训练后，大脑对这些单词的敏感度就会提升，记忆时长也会从短时记忆逐步变为长时记忆。

6.艾宾浩斯记忆法

艾宾浩斯记忆法是一种帮助人们记忆信息的方法，它的核心思想是通过反复复习来加强记忆。具体步骤如下：

（1）每天速记的全部单词为一个单词包。

（2）每个单词包为一个独立的记忆单元，学习完会进入艾宾浩斯记忆的循环记忆系统里进行复习。比如一个单词包学习完的第一天、第二天、第四天、第六天、第十四天、第三十天、第九十天及第一百八十天都需要把单词重新复习一遍。

（3）持续按照时间点坚持复习，直到完全掌握这些词汇为止。

艾宾浩斯记忆法适用于记忆各种类型信息和知识，并且可以根据需要进行调整和修改。通过不断反复学习和回顾，在短期内就能够有效提高相关知识点的掌握程度。我们可以带孩子一起通过180天8次的抗遗忘复习让他们对知识的记忆更加长久，在遗忘的节点增强孩子的记忆力，从而让孩子的单词记忆维持在一个高值状态。

R^3速记模型是一个可以做到一天内速记300个单词的方法。无论用什么记忆方法，离不开的还是坚持与自信，相信模型、相信自己，持续给予大脑“我们有自信掌握这些单词”的暗示，大脑就会加速单词记忆神经元链路搭建的稳定性。要相信自信的力量，更要相信我们的大脑。

第13章

高效阅读力：高速泛读、高效精读会深度影响孩子未来的学习成绩

在人工智能日益发展的今天，有科学家预测，未来最有价值的教育只有两个学科：一个是阅读，另一个是体育。阅读方法有很多种，最常用的两种方式是精读与泛读。

◎ 精读：精读就是细读，精读就是细思，精读就是鉴赏。

◎ 泛读：泛读也叫跳读、略读。

快速泛读，对于中小学生来说是一种最基础的快速总结能力。快速泛读，不是泛泛地读，而是一种广泛的涉猎和吸取，用较少的时间浏览大量书刊。泛读同时又是精读的基础，只有精读与泛读相结合，才能取得最佳阅读效果。速读是一种能力，也是一种阅读习惯，养成快速阅读的习惯是提高孩子学习效率、提升考试答题质量与速度的快速通道。

从2022年开始，高考语文考卷卷面文字已经超过1万字，孩子们要在2.5个小时内完成1万字的阅读并答题，还要写800字的作文。如果作文可以在1个小时完成，剩下1.5个小时也就是90分钟，则需要阅读1万字的材料和题目，并要思考、答题、检查等，这就需要孩子每分钟至少阅读300个字，才能有更多的时间去思考与答题。所以现在

的考试形式，并没有给孩子留出太多回读与检查的时间。

找准孩子最佳阅读时间和最佳阅读方式可以匹配孩子成长发育关键期对知识的潜在需要，从而进行高效输入、高效阅读，帮孩子爱上阅读。为了摸清孩子的阅读规律，先明确以下几个问题：

1.孩子在什么时间段更容易专注和集中精力？

不同的孩子有不同的习惯和生物钟，有些孩子在早晨更为清醒和专注，而有些孩子则在晚上更为活跃。家长通过观察孩子在不同时间段的表现，可以找到他们最适合进行精读和泛读的时间段。如果孩子不爱早起，那么睡前1个小时就是他的最佳阅读时间。

2.孩子的阅读速度和理解能力如何？

不同孩子的阅读速度和理解能力是有差异的。有些孩子可能阅读速度较快，但理解能力相对较弱；有些孩子可能阅读速度较慢，却能深入理解文本。家长需要根据孩子的特点，选择适合他们的阅读方式。

3.孩子在阅读中是否需要做笔记或标记重点？

有些孩子在阅读时喜欢做笔记或者标记重点内容，这样有助于他们进行记忆和理解。而另一些孩子可能更适合默读。了解孩子的学习风格和需求，就可以为他们提供更适合的阅读方法。

4.孩子考试前是否需要进行密集的阅读训练？

在考试前，有些孩子可能需要进行密集的阅读训练，以提高阅读速度和答题效率。这样的训练可以帮助他们在限定时间内更好地完成阅读和答题任务。

通过对以上问题的思考和观察，家长就可以找到孩子最适合的阅读时间和阅读方式。同时，家长还需要注意给孩子提供一个良好的、避免受到干扰的阅读环境。只有在适合的时间、以适合的方式阅读，孩子才能够在阅读中高效获取知识，并不断提高阅读能力。

阅读在孩子全学科学习中的作用

阅读不只是文科学习的事情，在全科学习中都有重要价值，尤其在中小学阶段，提升孩子的阅读力是为学习力续航的基础保障。

◎ 语言和文学学科：阅读是语言和文学学科的基础。通过阅读各种小说、诗歌等文学作品，可以增加词汇量，提升语言表达能力。阅读文学作品还可以培养想象力、情感表达能力和文化意识。

◎ 科学学科：阅读在科学学科中起到了解、探索和扩展知识的作用。通过阅读科学教材、科普书籍、科学杂志和文章，可以了解科学原理、发现科学事实和掌握科学方法。阅读科学文献还可以培养批判性思维和科学素养。

◎ 数学学科：阅读在数学学科中起到理解问题、掌握概念和解决数学题的作用。通过阅读数学教材、数学题目和数学解题方法，可以加深对数学概念和原理的理解。阅读数学题目还可以提升问题解决能力和逻辑思维能力。

◎ 历史和社会科学学科：阅读对于历史和社会科学学科的学习

至关重要。通过阅读历史文献、社会科学研究、人物传记等，可以了解历史事件、社会现象和人类行为。阅读还可以培养历史意识、社会意识和公民素养。

◎ 跨学科学习：阅读有助于跨学科学习，将不同学科的知识和概念进行整合和应用。通过阅读跨学科的书籍、文章和研究，可以发展综合思考能力，理解学科之间的联系和相互作用。

通过广泛的阅读，可以获得丰富的知识，扩展思维广度和深度，提升语言表达能力和解决问题的能力。因此，培养良好的阅读习惯和阅读能力对于孩子们的全科学习至关重要。

快速阅读在孩子考试中的帮助

学习高手与普通学生的区别不仅仅在于平时大量的阅读积累，更在于高效阅读方法在考试过程中的应用。高效阅读是孩子提升知识留存率、拓展知识面、考试时缩短阅读时长并提升准确率的必备能力，也是每个学生必备的最基础的学习能力。

◎ 节约时间：考试通常有时间限制。通过快速阅读，可以迅速浏览文章并捕捉关键信息，从而在更短的时间内完成阅读任务，为完成其他类型的题目留下更多时间。

◎ 提高答题效率：通过快速阅读，可以快速找到问题的关键所在，准确地理解问题，并在更短的时间内回答问题。

◎ 抓住关键信息：快速识别和捕捉文章中的关键信息，对于理解文章的主旨和重要细节非常重要。在考试中，这些关键信息往往与问题的答案直接相关，快速阅读可以帮助孩子迅速找到正确的答案。

◎ 避免紧张和焦虑：考试常常会给孩子带来一定的紧张和焦虑。学会快速阅读之后，可以更好地应对考试压力，因为他们有信心能够在有限的时间内有效地处理阅读材料。这有助于减少紧张情绪，提高应对考试的能力。

◎ 增加得分机会：快速阅读使孩子能够更快地完成阅读任务，从而为其他题目留下更多时间，可以更充分地利用时间解答其他问题，并有更多的机会获得高分。

学习快速阅读，必须经过刻意训练，如扫视法、略读法、文字图形化处理等，全面提高阅读速度和理解能力。同时，鼓励孩子多读各种类型的文章，提高他们对不同领域文字的阅读理解能力。

不同年龄段，孩子拥有多少阅读量，才能拥有自主学习力

◎ 0—3岁：词汇拓展启蒙期

从孩子6个月就可以开始亲子阅读了，这个阶段每年需要保持至少600册以上的绘本阅读量，也就是每天给孩子读两本小绘本。这个阶段孩子的记忆力、感知力非常好，尽早开启亲子绘本阅读模式，对未来孩子的学习力搭建非常重要。

◎ 3—6岁：亲子阅读互动期

建议达到每年1000册的亲子陪伴阅读量，也就是每天保证3册的绘本阅读。可以循环读，帮助孩子加深理解与记忆。亲子阅读后让

孩子复述一下整个故事的脉络，可以提升孩子的理解能力、表达能力和总结能力。这个年龄段是培养孩子爱上阅读的黄金期。

◎ 6—10岁：独立阅读期

这个年龄段是阅读桥梁书籍的最佳时期，可以开拓孩子的视野与知识面，锻炼他们的独立阅读能力。独立阅读是孩子爱上学习的第一步。同时，6—10岁是家长培养孩子学习习惯和时间管理能力的最佳时间段。一个自律并有自主学习力的孩子在未来学习中将非常有竞争力。

以终为始，家长有必要了解学习一下《义务教育课程方案和课程标准（2022年版）》。具体到孩子相关阅读能力培养方面，相关要求如下：

小学一、二年级的孩子，课外阅读量不能少于5万字。

1.培养阅读乐趣，有感情地朗读课文，学会默读。

2.尝试阅读整本书，能概述大意、感兴趣的情节，较完整讲述故事，简要概述感兴趣的见闻，并介绍给他人。

3.对写作初步要求是：写自己想说的话，或者想象中的事情，提升孩子的想象能力。

4.要求背诵优秀诗文50篇，课外阅读总量不少于5万字。

小学三、四年级课外阅读总量不能少于40万字。

1.学会默读，不出声，不指读。学会略读，粗知文章大意。

2.阅读整本书，理解主要内容，复述故事，分享交流阅读感受。

3.观察世界，写下自己所闻、感受和想象。

4.要求背诵优秀诗文50篇，课外阅读总量不少于40万字。

◎ 10—15岁：高效阅读期

建议这个阶段保证寒假200万字阅读量/15册左右，暑假500万字阅读量/40册左右。这个阶段对于孩子在阅读中的记忆力和理解力有更深入要求。在这个阶段，不爱阅读的孩子在考试中的阅读和写作都变成了他们拉分的部分，不仅文科会受影响，理科也不会太好，因为各学科考试中的考题和大量材料解析都考验着孩子的阅读能力。

新课程标准要求：

小学五、六年级课外阅读量不少于100万字。

1.要学会速读，一般读物要求每分钟不少于300字。

2.阅读后要描述印象最深的场景、人物、细节，把握诗意，想象描述情境，体会作品情感。

3.要求能写简单的纪实作文和想象作文，学写读书笔记、应用文。

4.要求背诵优秀诗文60篇，课外阅读总量不少于100万字。

初中七、八、九年级课外阅读总量不少于 260万字。

1.速读现代文，熟练运用略读和浏览的方法，扩大阅读范围。

2.运用联想和想象，丰富表达内容。提取主要信息，进行缩写，基于内容与合理想象，进行扩写、改写，尝试诗歌、小说的写作，45分钟完成500字以上习作。

3.在阅读中了解叙述、抒情等表达方式，区分写实作品与虚构作品，了解诗歌、散文、小说、戏剧等文学体裁。

4.要求背诵优秀诗文80篇，每年阅读2—3部名著，课外阅读总量不少于260万字。

提升孩子高效阅读能力的4个步骤

高效阅读是指在短时间内快速、准确理解大量阅读材料的能力。其关键在于提高阅读速度和理解能力，同时保持注意力集中和记忆清晰。具体来说，高效阅读还分为高效泛读和高效精读两个模块。

◎ 高效泛读

泛读又叫跳读、略读。高效泛读是指在短时间内快速浏览大量阅读材料，获取整体信息和主要观点的能力。其关键在于提高阅读速度和筛选信息的能力，同时还要保持注意力集中和记忆清晰。高效泛读可以帮助人们快速了解大量信息，提高工作和学习效率。

◎ 高效精读

高效精读是指在有限时间内深入理解一篇文章或一本书籍，并能够准确记住重要内容和思想的能力。其关键在于提高阅读理解和记忆能力，同时保持注意力集中和思维敏捷。高效精读可以帮助人们深入理解知识，提升学习水平。

无论是高效泛读还是高效精读，都需要保持专注，积极思考，灵活运用各种阅读技巧，并且不断地进行练习与反思。只有这样才能真正掌握高效阅读技巧，并将其应用到实际工作与学习中去。

何为阅读中的“高效”？需要从四个维度进行考量，即阅读速度、阅读记忆、阅读理解与阅读输出。所有的信息都有“输入”与“输出”两个部分，不是输入了就可以做到100%输出。知识需要在大脑里过滤、选择并输出，阅读则是考量知识转化率的最佳方式，而高效阅读是阅读的高阶模式，也是所有学习高手的必备底层能力。这个能力要从三年级开始锻炼，四年级开始应用，到了五年级就可以高效阅读经典名著，并能应用在不同的学习与考试场景中。

实现高效阅读，则需要保证快速阅读后能记住并且达成逻辑性输出。我们将高效阅读分为4个步骤，如下图所示：

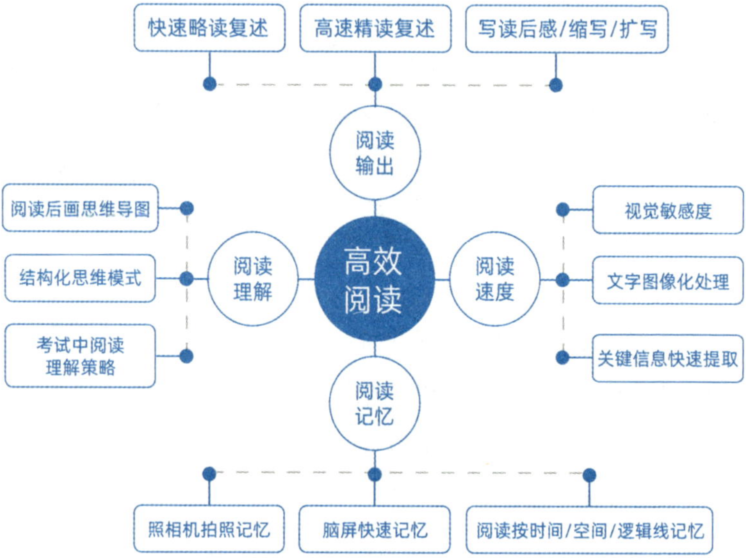

高效阅读4步图

第1步：阅读速度

提升阅读速度的基本前提，是默读时不出声读、不指读、不回读。尽量连词成句地读，不要一个字一个字地读（这是人教版义务教育《语文》五年级上册第二单元的要求）。

提升阅读速度，必须做的三个基础训练。

（1）视觉敏感度训练

进行视觉敏感度训练，先要简单了解三个概念：视幅是指眼睛能够看到的水平范围。视宽是指眼睛能够看到的垂直范围。视觉抓取训练是一种训练眼睛快速扫描和捕捉信息的技巧。为了理解这些概念，我们先做一个小练习。请先看下图，并快速读出数字。

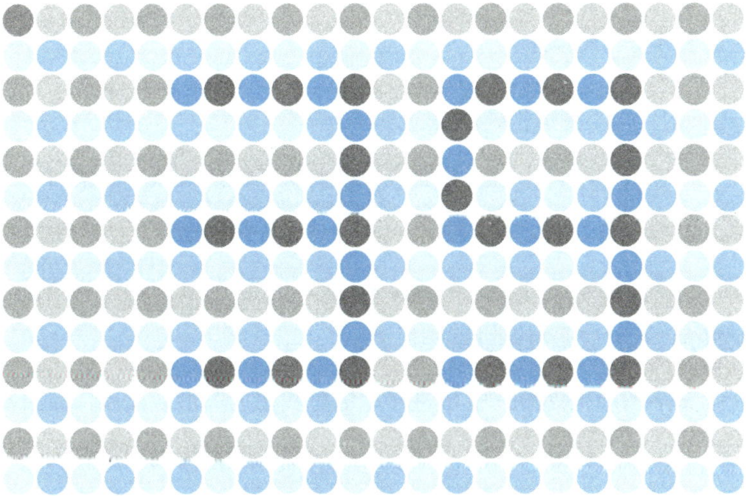

视觉敏感度测试图（数字“39”）

视觉敏感度训练可以提升我们的阅读速度。具体来说，这种有针对性的训练包括以下几个方面内容。

◎ 扩大视幅和视宽：通过进行一些特定的眼部运动和锻炼，可以扩大眼睛的视野范围，从而提高阅读速度。

◎ 训练快速扫描：通过进行一些特定的阅读技巧训练，例如跳跃式阅读、图像式阅读、五感阅读等，可以帮助人们快速浏览文章并捕捉关键信息。

◎ 提高快速集中注意力的能力：注意力是否集中是影响阅读速度的重要因素之一。通过进行一些专门的注意力训练，例如冥想、呼吸法等，可以提高人们在阅读时快速集中注意力的能力。

总之，建议家长们在日常生活中帮孩子多多加强眼部肌肉锻炼，培养良好阅读习惯，保持良好心态，这些都有助于提升他们的视觉敏感度和阅读速度。

（2）文字图形化处理

天下武功唯快不破。想要快，就要找准快的方式。大脑对于文字、数字、符号的记忆，要远远慢于对图片图像的记忆。但是大部分的阅读，面对的都是文字与符号，如果能够将文字转换成图像，那阅读时的记忆与理解就会快很多。

文字图形化处理，就是将文字信息转化为图形或图表，更直观地展示和传达信息。在阅读过程中，文字的图形化处理需要孩子打开五感想象力，把文字所表达的意思迅速转换成图像。举个例子，我说一个成语，你在大脑中尝试产生画面。

“踏雪寻梅”——你脑中形成的“踏雪寻梅”的图像是什么？100个人大概能想象出100张不同的图像，但大脑有了这个图像之后，这个成语就能随时调取出来了。沿用这个做法，打开五感想象力，把抽象的文字想象成一张一张的图片进行阅读，阅读的速度与记忆的深度就能实现真正提升。如下图所示：

踏雪寻梅图

想象力训练在日常学习与生活中特别重要。它不仅仅对于阅读有帮助，对于孩子的写作也有很大的帮助。实际上，想象力作文在历年高考中占有很大比例。例如，2015年高考作文“与心目中的英雄人物生活一天”，2016年的“神奇的书签”，2017年“2049共和国我为你拍照”，都是属于想象类题材的作文。

为了帮助孩子更好地做到文字图形化处理，给大家介绍几个比较实用的打开孩子想象力的方法。

◎ 阅读：阅读是培养孩子想象力的最佳方式之一。在阅读故事书、小说、诗歌时，孩子可以想象自己处于文本的情境中，了解不同的文化和生活方式。

◎ 绘画：绘画可以帮助孩子表达自己的想象力。可以让他们自由发挥，画出他们脑海中的形象和场景。

◎ 角色扮演：通过角色扮演的游戏，孩子可以尝试理解并模拟不同角色，并且在虚拟情境中发挥自己的想象力。

◎ 创意写作：鼓励孩子进行故事、诗歌等创意写作。这样可以激发他们对语言和文字的兴趣，并培养他们独特而又丰富的想象力。

◎ 游戏：玩具、游戏等都可以激发孩子丰富多彩的想象空间。比如积木、拼图等玩具能够帮助孩子构建虚拟场景和形象。

（3）关键信息快速提取

在阅读的过程中快速提取关键信息，是一项非常实用的应试能力。培养这项能力也有技巧，家长可以按照如下方法带孩子进行练习。

◎ 阅读全文：首先仔细阅读全文，了解文章的主题、结构和重点。

◎ 确定关键词：在阅读过程中，注意文章中出现的关键词和短语，并将其记录下来。

◎ 确定段落主题：每个段落都有一个主题或中心思想。在阅读过程中，需要确定每个段落的主题，并将其记录下来。

◎ 提取关键信息：根据文章的结构和重点，提取出与主题相关的关键信息。这些信息可以是事实、数据、观点或论据等。

◎ 总结归纳：将提取出来的关键信息进行总结归纳，并确定它们与文章主题之间的联系。这有助于理解文章内容及意义。

第2步：阅读记忆

想要提升阅读时的记忆质量，做到读完还能记住，可以采用以下方法进行训练。

◎ 多种感官参与：利用多种感官来帮助孩子记忆阅读的内容。除了阅读文字，还可以使用图像、图表、绘画、音频等多种形式呈现信息。例如，与孩子一起制作思维导图，绘制关键概念的图像，或者借助音频材料提升孩子的听觉记忆。

◎ 反复复习与巩固：重复和巩固对于深度记忆是非常重要的。鼓励孩子在阅读后反复复习，并使用不同的方式进行巩固，例如通过口头复述、写摘要、做练习题等，以加强记忆的稳定性和持久性。

◎ 创意记忆技巧：引导孩子使用一些创意记忆技巧来帮助记忆。例如，使用关键词、缩写或联想来记忆重要概念或信息。还可以让孩子将阅读内容转化为故事、歌曲或口诀等形式，以帮助记忆。

◎ 集中注意力：注意力是记忆的关键。鼓励孩子在阅读时保持专注，并提供一个没有干扰的学习环境。可以通过减少噪音、限制外部干扰，以及提供舒适的学习空间来帮助孩子集中注意力。

◎ 创造有意义的连接：帮助孩子将新的阅读内容与他们已有的知识和经验相连接。这可以通过提问、引导思考，以及与实际生活经历相关联来实现。例如，让孩子将阅读内容与自己的生活经历或观察到的事物进行对比或类比，使阅读内容更具个人化和意义。

◎ 利用记忆技巧和工具：教授孩子一些实用的记忆技巧和工具，例如制订时间表、使用闹钟提醒、制作记忆卡片等。这些方法和工具可以帮助孩子更好地组织和管理信息，提高记忆效果。

通过以上方法，孩子们可以逐渐提升阅读中的记忆能力，能够更好地记住所读的内容，并将其应用到实际学习中。

第3步：阅读理解

将思维导图与阅读理解进行融合，可以提高阅读的效率和理解能力。下面是一种将思维导图应用于阅读理解的方法。

◎ 选择适当的阅读材料：选择适合自己水平的阅读材料，有助于提高理解能力。开始时可以选择相对简单的文章，随着能力的提高逐渐选择更难的材料。

◎ 阅读前的准备：在阅读之前，可以先浏览文章标题、副标题、段落开头和结尾，了解主要内容和结构。然后根据这些信息，制作一个简单的思维导图框架。

◎ 阅读过程中的思维导图：在阅读过程中，将主要观点、论据、例子等关键信息记录在思维导图上。可以使用关键词、短语和简单的图标来表示不同的概念和关系。通过思维导图的构建，帮助孩子整理思路，加深对文章内容的理解。

◎ 阅读后的总结和复习：在阅读完成后，可以根据思维导图对文章进行总结。将思维导图上的关键信息整理成简洁的句子或段落，以确保正确理解了文章内容。同时，将思维导图作为复习的工具，帮助记忆和回顾文章的主要内容。

将思维导图与阅读理解相结合，有利于把握文章的框架，提取关键信息，理清逻辑关系，并加深对文章各部分的理解。这种方法可以提高阅读的效率和准确性，对于考试中的阅读理解题目特别有帮助。

要完成高考语文试卷1万字的阅读与思考，并快速准确找出答案，绝对是对孩子专注力、记忆力、阅读力、思维力与整体把控能力的极大挑战。在各科考试中，阅读理解题分数占比都非常大，所以一边阅读一边在大脑中画出思维导图非常重要。

我们重点给大家分享一下如何在语文考试的阅读理解部分获得高分，其他文科类考试也可参考。下面是一些具体的策略：

◎ 理解文章：仔细阅读文章，理解文章内容。了解文章的主题、结构和作者的意图，把握文章的中心思想。

◎ 理解问题：认真审题，注意关键词和限定词，明确问题的类型、要求和解题思路。

◎ 预测答案：在阅读文章之前，思考可能的答案，并标记出其在文章中的相应位置。这有助于提高阅读的效率和准确性。

◎ 选取证据：根据问题的要求，在文章中找到相关的证据以支持答案。其中，要注意引用的准确性，避免曲解原文的意思。

◎ 注意排除法：如果有多个选项看似正确，可以运用排除法逐一排除错误选项，缩小答案的范围。

◎ 注意细节：细致观察文章中的细节信息，有时关键答案可能隐藏在细枝末节之中。

◎ 多练习：不断练习，熟悉各种题型和解题技巧。多阅读不同类型的文章，提升阅读理解能力。

◎ 时间管理：控制好答题的时间，合理分配时间，避免在某一个问题上花费过多时间，导致其他问题没有时间作答。

◎ 回顾检查：在考试结束前，仔细检查是否有语言表达方面的错误，确保答案的完整性和合理性。

虽然理科考试主要是涉及数学和科学方面的知识和技能，但阅读理解在理科考试中也扮演着重要的角色。在理科考试中，阅读理解通常用于解析实验数据、科学文章或学术论文等内容。正确理解和解析这些信息对于正确回答与实验结果、科学概念或实验原理相关的问题至关重要。如果阅读理解错误，可能会导致回答不准确，这将直接影响到考试成绩。

因此，为了在理科考试中获得高分，除了掌握科学和数学的知识，也需要具备良好的阅读理解能力。这包括提升对文章的理解能力、提取关键信息的能力、分析和推理能力等。通过多阅读科学文章、进行实验数据分析和练习解析科学论文等方式，孩子们可以提高阅读理解能力，从而在理科考试中取得更好的成绩。

第4步：阅读输出

阅读最重要的价值就是对输出有贡献，想要表达流畅和写作优秀，都需要进行海量阅读。但是，仅仅靠阅读性输入是绝对不够的，读完任何书籍都应该尽量让孩子去讲述一遍，这样他们的记忆力与理解力都会大幅提升，这就是阅读输出。

阅读输出帮助我们获得知识、加深理解和形成见解，在我们的成长和学习过程中具有重要作用。之前也提到过，“记忆”是两个词语，一个是“记”，也就是输入，一个是“忆”，也就是输出。“记”只占30%左右，而“忆”则占70%左右。所以在阅读后，我们要把看过的内容概述一遍，或者把看过的内容总结性地写出来。如果不做阅读输出，最终的记忆留存率就只有20%—30%。很多孩子一看就会，一做就错，在考试的时候一直在回读，甚至读两遍都找不到核心问题点，甚至读完就忘，大脑中无法输出文章的核心线索，就是因为他们平时没有做高效的阅读输出训练，对于阅读的内容无法进行快速记忆并对其深度理解。

高效阅读的最后一步就是要高效输出，无论看书还是看电影，最好都让孩子在看完后口述一遍，或者写个简单的读后感与观后感，这是在日常生活中最简单有效的高效阅读训练方法。高效阅读不仅仅是为了阅读本身，更多的是为了积累后的输出，这样的训练对于考试中的写作，甚至未来工作中经常用到的演示或演讲都有重要作用。

阅读的输出在整个学习过程中至关重要，因为它不仅可以在短期内满足孩子的应试需求，还可以从根本上提升孩子的记忆能力，以及提高会影响其一生的表达力、思辨力和学习力。具体影响如下：

◎ 整合和巩固知识：将阅读所学的知识加以整理并进行输出，有助于更好地理解和巩固所学内容。通过阅读输出，我们能够将知识从短期记忆转化为长期记忆，并将其与已有的知识框架相结合，形成更为系统和深入的理解。

◎ 提高思维能力：阅读输出要求思考、总结、归纳和分析，这些过程可以激发我们的思维能力。阅读输出时，我们需要将自己的思维整理成清晰的文字或观点，有助于培养逻辑推理、批判性思维和创造性思维等思维技能。

◎ 加深记忆印象：通过阅读输出，我们能够将阅读中的关键内容进行提取和总结，并将其转化为自己的语言进行表达。这种主动输出过程可以帮助我们更好地记忆和理解所读内容，提高信息的留存量，提升回忆能力。

◎ 提升表达能力：阅读输出要求能将自己的理解和见解以清

晰、准确和连贯的方式表达出来。通过不断地输出，可以提升表达能力和语言组织能力，有助于沟通和交流。

◎ 培养批判性思维：通过阅读输出，不仅可以整理自己的理解和观点，还可以对所读内容进行评价和思考。这有助于我们培养批判性思维能力，学会分辨真假信息，以及从多个维度和角度去思考问题，提高自己的思辨能力。

阅读输出对于个人知识积累、思维能力培养和表达能力提升都具有重要的意义。通过阅读输出，可以更好地应用所学知识，深化理解，提高学习效果和能力。

关于快速泛读后的复述，只需要把内容大纲或者故事梗概描述出来就可以了。而快速精读后的复述，就需要讲述更多的细节，甚至是尽量复述整本书的内容。经常做快速精读并复述的孩子，阅读后的深度记忆会非常好，我们称之为“读后即记住”，这是学习高手应该拥有的重要的底层能力。

每个人都有适合自己的记忆和阅读的方式，想要成为真正的学习高手，“快、准、稳”是第一要求，这也是孩子高效学习的前提。当然，这一切都是以好的专注力做基础的。想要孩子在高中、大学甚至更高阶段有所造诣，强烈建议家长们重视孩子这些底层能力的早期培养和训练，那么之后家长的高质量陪伴也必然会产生美好的结果。

第14章 深度思维力：影响孩子学习效率和解决复杂问题的高阶能力

培养思维力是孩子在小学和初中阶段必须经历的重要关卡。思维力涵盖了处理问题、理解信息和创造性思考的能力，是在学习、工作和生活中取得成功的关键能力之一。

孩子灵活运用思维方式，就能提高解决问题和创新的能力

每个孩子都有独特的思维方式和能力，这些能力在不同学科和任务中发挥着关键作用。

◎ 逻辑思维是一种常见的思维方式，即利用左脑思考，以线性和结构化的方式解决问题。例如，小学生在解决数学问题时可能更倾向于使用逻辑思维，按照步骤进行推理和计算。

◎ 横向思维则更强调右脑的运用，善于跳出固定思维，寻找创新的方法。举个例子，当初中生面对一个复杂的科学实验时，采用横向思维，从不同角度思考问题，有助于找到独特的解决方案。

◎ 视觉化思考是另一种重要的思维方式，借助视觉记忆扩展思维。在学习语言时，小学生通过图像、图表等方式更容易记忆和理

解单词，这体现了视觉化思考的重要性。背古诗的效率也深受视觉化思维的影响。

◎ 批判性思维是通过不断提问来深入探索与理解问题的一种方式。例如，历史中关于秦统一六国，有资料强调他的丰功伟绩，有资料指其残忍焚书坑儒。通过批判性思考，我们可以综合各种观点，更全面、准确地认识历史事件。

◎ 创造性思考是产生新观点的关键，通过采用多样的思考方式来激发创造力。在艺术领域，小学生可以通过想象力和创意来表达自己的观点，这体现了创造性思考的重要性。

因此，了解并培养孩子的不同思维方式，对他们未来的全面发展至关重要。家长可以观察孩子在不同情境下的思考方式，从而更好地支持他们在学习和生活中的成长。通过鼓励和引导，帮助孩子灵活运用各种思维方式，提高解决问题和创新的能力。

需要提醒的是，进行有针对性的专注力、记忆力或者阅读的训练，都可以快速看到孩子的变化和训练结果，但是思维力的训练就需要一段时间才能看到效果。

根据孩子的不同年龄，下面给大家列几个考验孩子思维力的题目。

1.小学低龄阶段

◎ 思维力训练：视觉化思考题目

在一幅图画中，有五个动物，它们分别是狮子、大象、猴子、鱼和鸟。请小学生根据图画，以最具创意的方式将这五只动物串联起来，形成一个有趣的故事。

◎ 思维力训练：逻辑思维题目

小明、小红、小杰、小美和小亮是五个小学生，每人都喜欢一种不同的科目，比如数学、语文、英语、科学和艺术。根据以下线索，帮助孩子们确定每个小学生喜欢的科目：

喜欢数学的同学的名字中包含“小”。

喜欢语文的同学和喜欢英语的同学的名字中都包含“小”。

喜欢艺术的同学的名字中包含“美”。

喜欢科学的同学的名字中包含“杰”。

2.小学高龄段

◎ 思维力训练：批判性思维题目

请分析一篇关于环境问题的文章，提出至少三个观点，并说明支持或反对这些观点的理由。同时，你认为文章是否存在逻辑漏洞？

◎ 思维力训练：横向思维题目

一名五年级学生在学校组织的科技创新大赛中发现了一种更有效的河流清洁方法。请以该学生的角度，列举至少三种应用这种方法解决其他环境问题的可能性，并说明其实施的可行性。

3.中学阶段

◎ 思维力训练：创造性思考题目

假设你是一名高中生，被要求设计一项能够解决交通拥堵问题的创新方案。请详细描述你的方案，并解释为什么你认为它是有效的。

◎ 思维力训练：视觉化思考题目

选定一个历史事件，通过图表、时间轴或其他视觉方式，呈现该事件的关键发展阶段和影响。强调事件的关键因素，让观众能够清晰理解事件的演变过程。

上述题目设计旨在锻炼孩子们的不同思维力，并通过不同类型的思维任务激发脑部不同区域的活动。

如何帮助孩子在日常生活中培养和提升思维力？

我们整理了一些小方法，方便家长在家庭教育过程中练习使用。

1.阅读与写作：鼓励孩子广泛阅读，涉猎不同领域的知识。写作能够培养逻辑思维和批判性思考，同时激发创造性思考。

2.多元学科的学习：引导孩子在不同学科中进行学习，涉足数学、科学、语言、艺术等，培养综合思维能力。

3.艺术与创意活动：参与艺术和创意活动，如绘画、音乐、手工艺等，有助于激发横向思维和创造性思考。

4.团队合作与讨论：参与团队活动，与他人共同解决问题，有助于培养批判性思维和逻辑思维。

5.户外活动与运动：运动不仅对身体有益，还能促进大脑的血液循环，提高注意力和思维敏捷度。例如，团队体育项目能够培养协作和战略思维。

通过这样多样化的活动，孩子们可以全面培养不同的思维方式，提高他们解决问题和创新思考的能力。2024年中考改革后，物理增加了10分实验分，这说明未来社会越来越重视孩子的动手能力和快速解决问题的能力，这些能力都需要以强大的思维力为基础。

用思维导图提升孩子的思维力

在思维力提升的具体练习过程中，建议孩子们学会使用一个帮助思维高效整合的工具——思维导图。思维导图是一种图形化的组织工具，通过中心主题和分支的方式，将信息以非线性的方式展示出来。那么，在学习中使用思维导图可以激发和培养哪些方面的思维力呢？

◎ 整合性思考：思维导图能够帮助孩子将各种信息整合到一个中心主题下，促进对知识的整体性理解，培养整合性思考的能力。例如，小明在学习生态系统时，使用思维导图将各个生态因素、关系和影响整合在一起。这不仅帮助他更清晰地理解生态系统的复杂性，还提高了他的整合性思考水平，这个工具于学科知识整合特别有用。

◎ 横向思考：通过连接不同分支，思维导图可以促使孩子进行跳跃式思考，从而培养横向思维，跳出固有思维模式，寻找新的角度。例如，孩子可以用思维导图进行四大名著等文学作品的阅读分析，使用思维导图分析人物关系、情节发展和主题内涵，可以更深入地理解文学作品，并锻炼横向思考和逻辑思考能力。

◎ 逻辑思考：在思维导图中，分支的关系和逻辑连接清晰可见，对于培养逻辑思考能力非常有帮助，可以让孩子更好地理清问题的关键点。例如，小杰在制订学习计划时，用思维导图将每个学科的知识点、复习计划和重点内容有机地连接在一起，这不但可以帮助他更有条理地进行学科学习，也培养了整合性思考和逻辑思考能力。

◎ 可视化思考：思维导图中的图形元素具有可视化特点，可以激发孩子的视觉思考，有助于他们以图像的方式记忆和理解知识。

北京的很多学校，从一年级开始老师就会引导孩子用思维导图解决问题。例如，"请用思维导图画出今天数学学了什么，画出来之后总结一遍"。刚开始是老师画，让孩子们按照老师的思维导图把每个部分的内容讲解一遍，之后会让孩子回去自己画。你看，这样一步一步就可以把孩子的结构化思维搭建起来了。在具体的学习过程中，大脑会自动拓扑出思维树①。我们建议，最晚从三年级开始就要学会使用思维导图了。

正确的思维导图阅读顺序如下图所示：

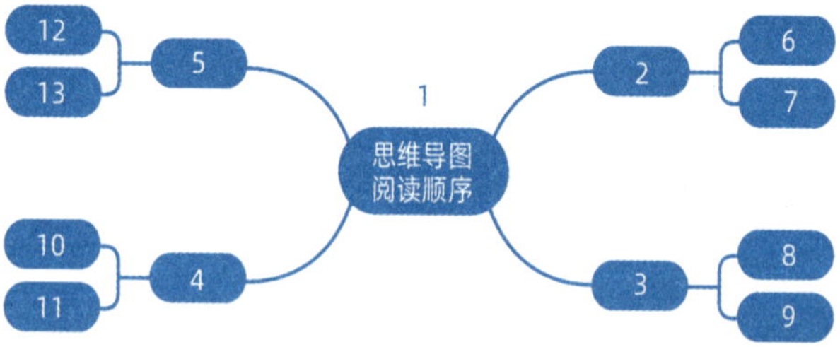

思维导图的阅读顺序

---

① 思维树也就是思维导图，其主要原理是利用对大脑细胞及神经连接方式的模仿，辅助人们进行高质量的思考。

思维导图在全科中的应用都非常广泛。我们用几个案例示范一下如何使用思维导图。

思维导图案例1：

朱元璋强化皇权

朱元璋认为，元朝的灭亡是由于地方分权和朝臣的权力过大。为了巩固统治，他在积极恢复发展社会经济的同时，在政治上采取一系列措施，从地方到中央全面改革官制，以强化皇权。

在地方，朱元璋取消行中书省，设立“三司”，将原来行中书省的权力一分为三，互不统属，从而使行省的权力分散。朱元璋还先后分封诸子为王，驻守各地，监控地方，巩固皇室。

在中央，朱元璋为进一步集中权力，废除了以往长期存在的丞相制度和中书省，提升吏、户、礼、兵、刑、工六部的职权，并使六部直接向皇帝负责。为分散兵权，朱元璋把原来的大都督府分为中、左、右、前、后五军都督府，将军队调动和武官任命的权力统归兵部，这样皇帝就直接掌握了军事大权。

（引自《历史》（2019部编版）七年级下册，第14课《明朝的统治》）

请用一张导图总结上面一段话。如下图所示：

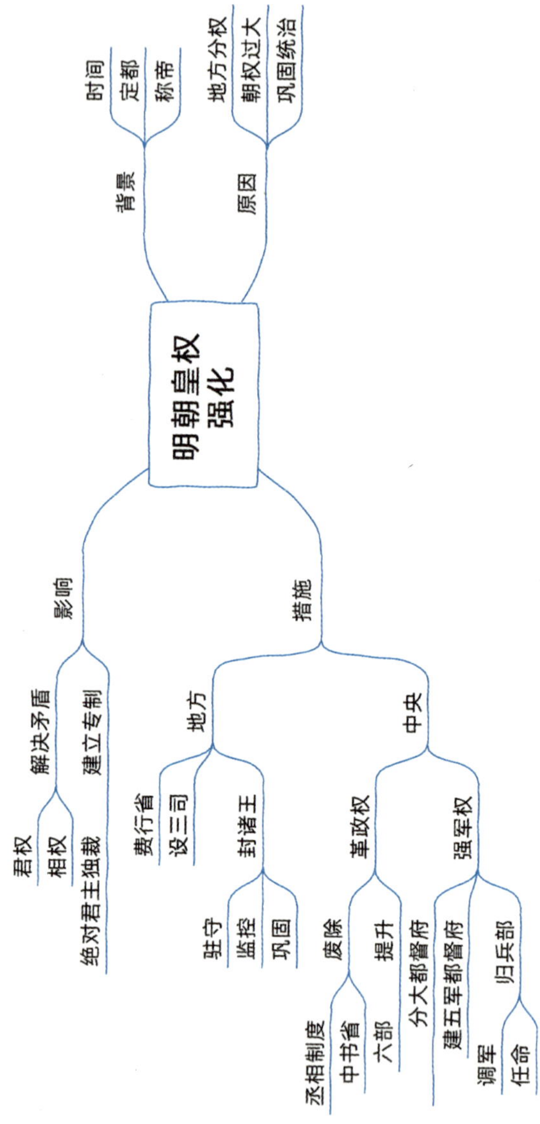
明朝皇权强化
背景
时间
定都
称帝
原因
地方分权
朝权过大
巩固统治
影响
解决矛盾
君权
相权
建立专制
绝对君主独裁
措施
地方
废行省
设三司
封诸王
驻守
监控
巩固
中央
革政权
废除
丞相制度
中书省
提升
六部
分大都督府
强军权
建五军都督府
归兵部
调军
任命

思维导图案例1

思维导图案例2

七年级上学期结束了，请用思维导图把整本数学书上的内容梳理记忆一遍。如下图所示：

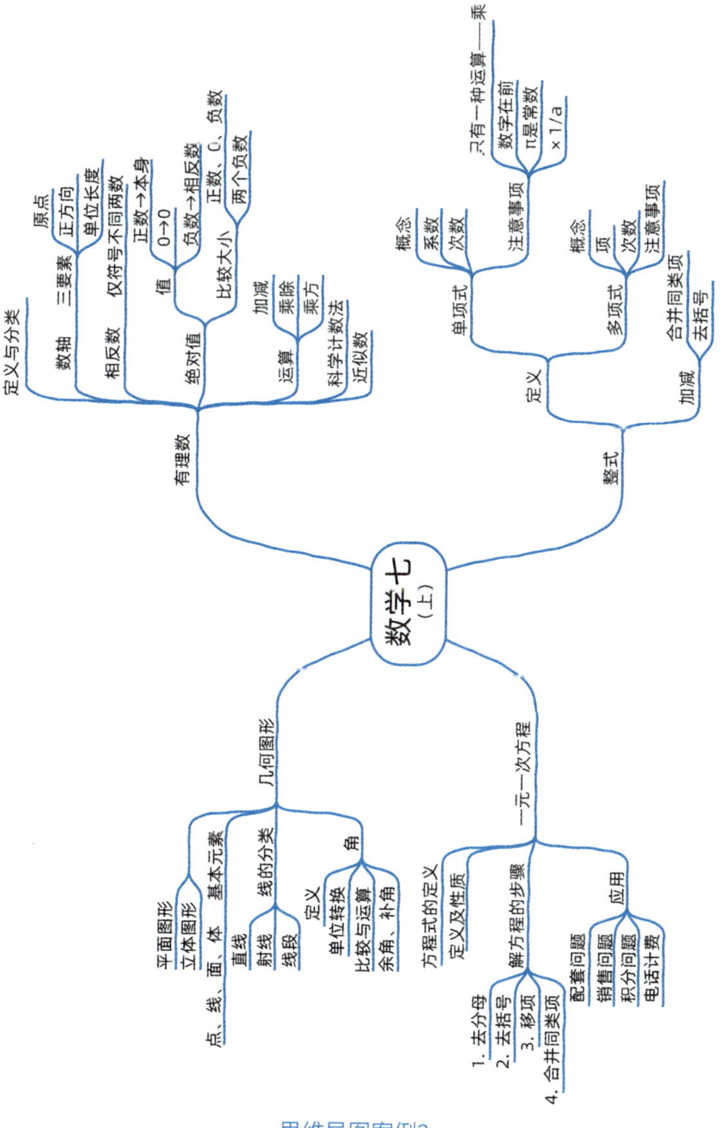

思维导图案例2

使用思维导图对整本书的内容进行总结有许多好处，特别是对初中生。

1.整体把握知识结构

通过思维导图，学生能够一目了然地看到整本书的知识结构，包括主题、章节关系，以及各个概念之间的连接。这有助于学生更好地理解知识的结构，形成对学科整体框架的认识。

2.强化记忆

通过绘制思维导图，学生需要回顾并提炼书中的重要概念，这有助于巩固各项知识点的记忆，帮助学生建立长期记忆，提高对学科内容的熟练程度。

3.提高总结和概括能力

思维导图要求学生以简明扼要的方式表达复杂的信息，有助于培养总结和概括的能力。这种能力对于学习、考试和实际应用都非常重要，有助于培养学生的思辨和分析技能。

4.激发创造性思维

绘制思维导图时，学生有机会自由组织信息，并添加个人理解，从而激发他们的创造性思维。这样可以帮助学生培养独立思考和解决问题的能力，而不仅仅是死记硬背。

5.加强逻辑思维力

思维导图可以呈现信息之间的关系，促使学生思考如何将各个概念连接起来。提升他们的逻辑思维力，更好地理解知识点之间的逻辑关系，有助于更深层次的学习。

6.提升图形思维

绘制思维导图需要学生通过图形方式呈现信息，有助于培养图形思维。对于一些学科，尤其是科学和数学等，图形思维在理解概念和解决问题时至关重要。

早期引导孩子使用思维导图，可以帮助他们在学习过程中建立良好的思维模式，促进思维能力的全面发展。思维导图的直观性和灵活性为孩子提供了更具创造性和高效性的学习工具，使其在学习中更加得心应手。

第15章

全新创造力：培养孩子承受失败、感知幸福、开创未来的能力

在这充满变革和机遇的时代，父母作为孩子的第一责任人，其责任不仅仅是传授孩子知识，更是引导和培养他们可以应对未来挑战的全新创造力。这不仅仅需要学科知识，更需要一系列底层能力的支持，包括专注力、记忆力、阅读力、思维力等。这些能力的培养可以让孩子在未来社会中以不变应万变，凭借深厚的核心能力脱颖而出。

这种全新创造力是一种将学科知识、思考力和创新性思维相结合的能力。它要求孩子能够超越传统的思维模式，勇于突破自己的思维边界，寻找新的解决方案。

在知识大爆炸的时代，创造力是区别个体能力的重要标志。创造性思维的培养不仅关乎个体的成功，更关乎整个社会的创新、进步。以下4个具体能力是孩子拥有全新创造力的基础。

专注力是创造力的基石。通过培养孩子的专注力，他们能够更深入地思考问题，更全面地理解信息。专注力的提升需要从减少干扰、合理规划学习时间等方面入手。

记忆力是创造力的材料库。多元化的学习方式，如图表、记忆

卡片等，可以帮助孩子更好地记忆和运用知识，从而在创造性思考中游刃有余。

阅读力是获取新知识的有效途径，也是创造性思维的源泉。鼓励孩子进行广泛阅读，从不同的文化和领域获取灵感，拓宽思维边界。

思维力涉及对问题的分析解决能力。在解决问题的过程中，进行讨论和思辨，可以锻炼孩子的批判性思维和创造性思维，让他们在未知领域更具信心。

究竟什么样的孩子才具备全新创造力呢?

乐乐是一个对细节极为敏感的孩子，他在数学和科学方面的学科成绩一直名列前茅。然而，他在解决问题时往往局限于已有的解决方案，缺乏对问题的多角度思考。在小学和初中，他的学习成绩特别好，可是到了高中之后，无论怎么努力他的成绩也提不上去了。当思辨与创新能力不足的时候，就非常容易出现后劲不足的现象。

乐乐的同班同学小瑛，小学的时候在学科知识上并不如乐乐出色，但她的创造力备受赞誉。她在课堂上经常提出一些别出心裁的问题，尝试用不同的方法解决同一个问题，并勇于表达自己的独立见解。随着年龄的增长，小瑛的成绩逐步提升，到了高中不但名列前茅，还能兼任社团团长。

通过对比乐乐和小瑛的例子，我们可以看到，乐乐在学科知识方面优势明显，但他对问题的思考相对保守，容易陷入已有解决方案的框架。而小瑛虽然早期在学科知识上稍显薄弱，但她敢于挑战传统思维，从而培养了更为灵活的创造性思维。

在如今这个充满竞争和变革的时代，培养孩子的全新创造力显得尤为重要。通过提升包括专注力、记忆力、阅读力、思维力在内的底层能力，家长就可以为孩子打造一个更为坚实的创造力基石。需要提醒的是，在培养的过程中，家长要鼓励孩子在解决问题时不拘泥于既有的模式，鼓励他们发散思维，这样才能为全新的未来做好充分的练习和准备。

在这一全新创造力培养的旅程中，家长扮演着重要的引导者角色，不但需要关注孩子的学习方式，激发他们对未知领域的好奇心，还要鼓励他们在尝试和失败中不断成长。通过家长与孩子的共同努力，我们就可以为孩子开启一扇通向创新未来的大门。

9个方法和3个小游戏，开启孩子的创造力

创造力是一种综合能力，拓展新思维，激发新思想，是人类发现新事物的引擎，是智慧的高峰。作为父母，开启孩子的创造力是一个充满挑战但也非常有意义的任务。创造力是一种能力，可以通过一系列的方法和环境来培养。按照以下方法练习，可以激发、培养孩子的创造潜能。

1.提供创意空间

创造一个充满创意的环境，为孩子提供展示自己创造力的空间。这可以是一个专门的绘画角落、一个手工制作区域或者一个写作角落。同时也要给孩子自由支配的时间，让他们有机会自主选择

活动，在他们感兴趣的领域实践创造性思维。

2.鼓励提问和好奇心

鼓励孩子提出问题，激发他们的好奇心。这可以帮助他们发展探索未知领域的能力。回答孩子的问题时，可以引导他们进行多角度思考，更深入地思考问题。

3.多元化的学科体验

为孩子提供接触各种学科和领域的机会，鼓励他们参与科学实验、文学创作、艺术设计等多样化的活动。多元的学科体验有助于培养孩子跨学科思维，将不同领域的知识融合在一起。

4.支持孩子的想象力

鼓励孩子进行虚构性的思考，帮助他们构建自己的幻想世界。这可以通过阅读故事书，进行角色扮演等方式实现。可以提供多种多样可塑性强的材料，如彩纸、橡皮泥、积木等，激发孩子的创造性想象力。

5.培养解决问题的能力

在孩子遇到问题时，不要立即给予答案，而是引导他们寻找解决问题的途径。这有助于培养他们独立思考和解决问题的能力。鼓励孩子接受挑战，面对失败时总结经验，从而在未来更好地解决问题。

6.提供多样化的艺术体验

带孩子参观艺术展览、博物馆，让他们接触不同类型的艺术作品，培养他们的审美观。鼓励孩子尝试不同的艺术形式，如音乐、舞蹈、戏剧等，培养他们在不同领域的创造力。

7.设立目标和挑战

帮助孩子设立短期和长期的目标，这有助于激发他们的努力和创造性思维。提供一些适当难度的挑战，让孩子超越自己的极限，体验成就感。

8.家长成为榜样

作为家长，要向孩子展示出自己对创造力的重视，并参与一些创造性活动。孩子很容易受到身边人的影响，通过榜样效应，他们可能更愿意也更积极参与到创造性的思考和行动中来。

9.及时反馈与支持

对孩子的创意和努力要给予积极的反馈，让他们感受到鼓励和支持。在孩子遇到困难时，给予他们指导和鼓励，帮助他们克服困难，不轻易放弃。

没有任何人是可以轻松成功的，在我们感慨“别人家孩子”的时候，要知道这个孩子的父母在孩子成长的过程中付出了太多不为人知的努力。希望更多的家长可以为孩子打造一个富有创造力的成长环境，激发他们独立思考的能力和创造性思维。

正如爱因斯坦所言：“创造力比知识更重要。”为了培养出优秀的孩子，不能只关注知识，让孩子沉浸在书本的海洋中，还需要注重培养孩子多方面的能力，扩展他们的视野，让他们具备观察和发现的能力，有想法并能表达。通过这样的引导，孩子的创造力将不断提升，从而变得更为出色。

想让孩子具有创新思维，除了要给孩子做白日梦的空间，也要让孩子学会控制自己的思维。下面分享一些能帮助孩子提升创造力的小游戏，在家庭环境中也非常容易操作。

第一个是“还能用来做什么”游戏。

家长可以引导孩子思考，生活中的任何物品除了其本身的用途外，还能用来做什么。比如胶条，除了可以用来粘东西，是不是也可以当作一种材料，粘在一起可以当桌布，甚至用来做裙子？比如报纸，除了可以阅读，还可用来搞卫生，或者做剪纸。比如杯子，除了可以装水，还可以做调料瓶。比如瓶子，除了可以装调料，还可以用来插花。这种形式的小游戏可以开发孩子的想象力。

第二个游戏是创意涂色、创意画图或创意修图。

给孩子买一些涂色的书，让他不按照大自然的规律，而是根据自己的想象来涂色。比如不把草涂成绿色，而涂成蓝色；不把花涂成红色，而涂成绿色。还可以让孩子展开想象，进行创意画图或创意修图，比如画出或者用绘图软件设计出地球上不存在的外星人、怪物、精灵、仙女等形象。

第三个是组合游戏。

生活中的物品有着各种固定的组合或搭配，比如饭碗配筷子、西餐盘配刀叉。做菜也有固定的食材搭配，比如西红柿炒鸡蛋。家长可以让孩子想一想，西红柿除了可以和鸡蛋一起炒，还可以和什么一起炒，可以和黄瓜一起炒吗？或者除了一起炒，还可以一起炖吗？薯条一定要配番茄酱吃吗？还可以搭配什么，会不会好吃呢？

这些既需要发散思维，也需要收敛思维的小游戏，可以让孩子在发挥想象力的同时，聚焦有用的想法，给出最终的解决方案，提升创造力。

夸奖孩子并允许犯错，让孩子相信自己能变得更好

孩子所有学习能力的培养，都少不了家长的一次次夸奖，所以，把积极的赞美多多地用在与孩子的日常沟通中，是所有家长的必修课。

美国斯坦福教授实验证实：长期被夸“你真聪明”的孩子，在面对挑战任务时大部分会选择拒绝，而被夸奖“你真努力”的孩子，不仅勇于接受挑战任务，还能越挫越勇。这一结论在心理学教授卡罗尔·德韦克（Carol Dweck）的突破性研究成果中也得到了证实，即“成长型心态”的力量。他提到，教育是让孩子相信他拥有变得更好的力量。研究发现，人看待自己的方式主要由思维模式决定，即“成长型思维”和“固定型思维”。

成长型思维模式的孩子相信通过努力可以提升智力和能力，将困难和失败视为成长的机会，对学习充满热情。而固定型思维模式的孩子认为能力是天生的，难以改变，失败意味着缺乏天赋。在教育中，成长型思维的孩子更乐于寻求帮助，不易放弃，复原力更强。家长和老师应作为成长型思维的传播者，帮助孩子理解大脑的可塑性，鼓励他们勇于尝试和犯错，从而促进大脑发展和个人成长。

家长了解大脑的可塑性对于培养孩子的成长型思维至关重要。以下是一些关键点：

◎ 大脑可塑性原则：大脑具有很强的可塑性，这意味着它可以根据经验和学习进行改变。这种可塑性是终身的，意味着无论年龄多大，大脑都能通过训练和学习进行改变。

◎ 神经突触的适应性：大脑中的神经元通过突触相互连接，传递信号。学习新信息时，会形成新的突触，而复习已有知识则能加强这些连接。连续的训练会增强突触连接的稳定性，也就是记忆力更久，思维力更强。

◎ 终身学习：大脑的可塑性表明，无论年龄大小，人们都可以通过持续的学习和训练来提升自己的思维模式和才智。

◎ 允许孩子犯错：人们犯错或遇到挑战时，大脑会变得异常活跃。犯错不仅是学习过程中不可避免的部分，也是促进大脑发展和个人成长的重要途径。

◎ 改变对错误的态度：家长应该鼓励孩子从害怕犯错转变为勇于尝试和犯错。这种态度的转变有助于孩子更好地面对挑战，发展创新思维。

将犯错视为学习过程的一部分，不仅是一种教育理念，也是帮助孩子建立成长型思维模式的关键。家长应该成为孩子形成成长型思维的引导者和支持者，通过自己的行为和态度来鼓励孩子探索、学习和成长，帮助他们建立一种积极的学习态度和成长型思维模式。

小结

学习成绩好并不等于是学习高手，每个学习高手都有自己的学习能力规划系统。真正的学习高手，一定会锻炼和形成一套高效的学习能力、学习习惯和学习工具，从而在各个阶段都可以轻松应对不同段位的学习内容。拥有高效自主学习的能力，也就是自学能力，是所有学习高手的基本功。

但是学习高手并不是凭空产生的，也不是非要单打独斗自己摸索。尽早对学习能力进行规划，在孩子大脑成长发育的关键期对其底层能力进行刻意训练，这些都是家长可以给到的智力支持和资源配给。本章重点探讨了家长如何在孩子的不同阶段帮助提高他们的学习段位，直至他们成为学习高手。具体从“五维学习力”（如下图所示）即专注力、记忆力、阅读力、思维力、思辨力的提升入手，针对如何提升底层的学习能力，让孩子拥有高效率的学习习惯等这几个家庭教育中的热点和难点问题，给予了四种经过长期验证的学习高手必备学习工具，即试卷分析、错题本、课堂笔记和思维导图，便于家长在家庭教育过程中，帮助孩子轻松面对未来的学业挑战。

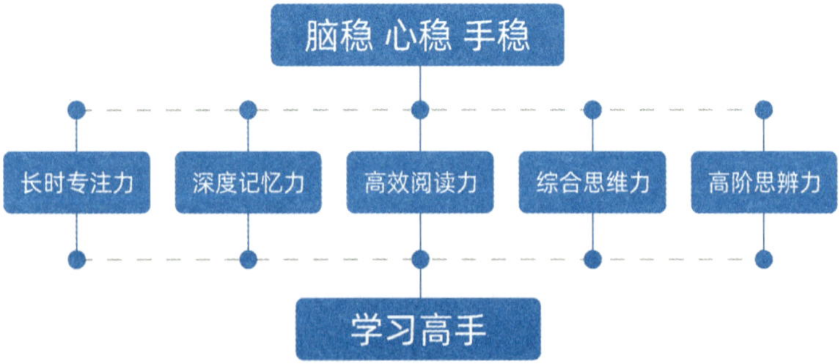

学习高手概括图

天才儿童只占儿童人口的大约2%，天才儿童的智商多在140分以上，但也不是所有140分以上的孩子都是天才。竞争无处不在，要想让孩子在竞争中突围，在多变的社会中拥有未来安身立命的本事，家长就要掌握更多科学的、行之有效的办法，在孩子发育的关键期助力其提升关键能力。例如一、二、三年级的高效专注力与记忆力的提升，四、五、六年级阅读能力与逻辑思维力的提升，七、八年级空间想象力与抽象、推理等思维力的提升等。

最后要强调的是，在教育的过程中，兴趣是关键，家长要根据孩子的脑力特点在不同时期给予相应的培养方案，让孩子掌握自己的大脑，了解自己的潜能，从而在学习和生活中深度应用专注力、记忆力、阅读力、思维力及创造力，让孩子爱上学习，从而拥有高效自主学习能力。

第四部分

善用学习策略和学习工具，全面赋能孩子成长

当我们已经为孩子规划好了未来，筹谋好了路径，甚至孩子已经具备了高效的学习能力，但是一些孩子的成绩还是不好，很大的原因是一些宝贝没有找到适合自己的学习策略与学习工具。学习策略是指为了提高学习效果而制定的一系列计划和方法。好的学习策略可以提高学习效率，制定适合自己的学习策略是成为学习高手的关键之一。

每个孩子都是一个能量体，脑力、体力、心理健康成长的充分融合才能成为智商、情商、德商、心商、体商、财商、逆商等都很优秀的学习高手。家长要考虑的不仅仅是脑力提升，还要从多个角度为孩子赋能，从而让孩子热爱自己、热爱生活。

第16章 制定高效学习策略，让孩子拥有高手的学习习惯

对孩子至关重要的6个基础学习策略

1.预习，能提升注意力的稳定性

注意力的稳定性对于学习效果有决定性影响。但是孩子的专注力往往不能保持长时间稳定，而是周期性地起伏变化。例如，在学校每天有很多节45分钟的课，每一节课中真正有效的学习时间可能只有20—25分钟。因此，要想成为学习高手，就一定要利用好自己高度专注的这20多分钟，集中精力弄明白本节课的重点、难点和方法思路。

学习高手很大程度上是预习高手。为了做到课上高效专注，提前预习就非常重要。孩子通过预习了解课程的大致内容，找出自己不理解或感兴趣的问题，带着这些问题去听课，就能更有针对性地听讲，提高学习效率。

很多小年龄段的孩子集中精神听讲不容易，时不时东张西望，动来动去，开小差现象时有发生。为什么同样是45分钟上课，不同

学生学习效果差距很大，这主要有两点因素：会不会听课和有没有预习。做了课前预习的孩子，带着问题听课，听到老师讲解不明白的内容时就会全神贯注！

2.及时抗遗忘复习，防止记忆快速衰退

前面讲过的艾宾浩斯遗忘曲线告诉我们，合理安排复习时间也非常重要，在正确的时间点进行复习可以事半功倍。

艾宾浩斯遗忘曲线中最佳复习时间节点如下：

◎ 5分钟后

◎ 20分钟后

◎ 1小时后

◎ 12小时后

◎ 1天后

◎ 2天后

◎ 4天后

◎ 6天后

◎ 14天后

对于学习任务繁重的孩子，遵循上述全部9个时间节点可能不太容易。因此12小时后或睡前温习非常重要。让孩子对当天学习的内容，在1天后、2天后、6天后做3次复习，记忆留存率就会非常好。形成长时记忆必须有抗遗忘复习的过程，学习高手的“高”就高在坚持训练自己，坚持做题以防遗忘。

3.搭建自己的知识树

孩子升到小学四年级以上，需要深入理解学习内容。想象一下，如果我们把学习的知识比作一棵大树，那么这棵树的树干、树枝和叶子就是知识的不同部分。通过建立这样的“知识树”，孩子们可以更系统地组织和理解他们学到的知识。

书本上的知识并不是零散的点，而是有着像一棵树一样的结构。我们的目标是帮助孩子们建立并不断完善这棵知识树。在学习过程中，孩子们可以不断地添加新的知识点，或者调整、删除不再需要的知识点，让这棵树不断成长。

一旦知识树建立起来，每个知识点都像是树上的一个节点，孩子们通过思考将这些节点与周围的知识连接起来。随着知识之间的联系越来越紧密，孩子们对知识的理解和掌握也会越来越深入。这样，他们遇到问题时，就更容易找到解决方法，因为他们的知识树已经帮助他们建立了知识之间的联系。

4.从输入到输出，打破“学会”的错觉

经常会遇到这样的案例，孩子平时学得挺好的，预习、复习、做练习都非常到位，孩子也很配合，但是一考试，成绩就不理想。很多时候孩子也觉得自己学得很好，但实际上并没有真正理解所学的内容。例如：孩子可能在学习一个章节后，做了笔记，画了重点，然后觉得自己已经学得很好了。但如果他们试着不看书本，回答一些关于这个章节的问题，就会发现自己忘记了很多内容。因为学习不仅仅是记住一些关键点，更重要的是理解这些点之间的逻辑关系。

解决这个问题，需要孩子们用自己的方式来描述和串联这些知识点，比如通过讨论、画思维导图或者教授给别人，在这些过程中，找到自己的“知识黑洞”。只有通过这样的外部语言检验，孩子们才能真正掌握和理解知识。所以，孩子学习时，可以鼓励他们不仅仅做笔记，还要尝试用自己的话来解释他们学到的内容。这样，他们就能更深入地理解知识，而不仅仅是记住一些零散的信息。

5.适度的压力，让考试时发挥更好

考试是检验学习成果的重要方式，而考场发挥和临场心态对考试成绩有着至关重要的影响。有时候，甚至比长时间的努力更为关键。

考试前，情绪过于紧张或者过于放松，孩子在考试中都无法发挥最佳水平。因此，需要帮助孩子建立正确的心态，让他们在考试中保持适当的压力，既不过于紧张，也不过于放松。可以通过鼓励他们进行充分的准备，建立自信，以及在考试前运用呼吸法放松调整，来帮助他们达到最佳的状态。

6.合理休息，保持稳定的学习效率

学习时间与效率是影响学习成果的重要因素。研究表明，连续学习超过两小时不休息，学习效果逐渐递减；超过4小时连续无休地学习，到最后几乎没有效果。因此，合理的休息与高效率的学习同等重要。

长时间无效学习可能导致孩子厌学，内驱力会受到影响。为了保持稳定的学习效率，要避免一次性过度消耗孩子的精力。研究还

表明，学习后适当休息或小憩一会儿可以提高记忆效果，有节奏的学习非常重要。合理休息才能更好地学习，家长要做的就是帮助孩子们建立合理的学习计划，让他们在保持学习效率的同时，也能够享受到学习的乐趣。

学习高手的10个学习习惯

1.“自主学习”的习惯

自学是获取知识的重要途径，它能够帮助学生提高独立思考和解决问题的能力。老师在学习过程中扮演着引导者的角色，而学生则是学习的主体。学生需要依靠自己的力量来解决学习过程中遇到的各种问题。阅读是自学的一种主要方式。通过阅读教科书，学生可以独立地理解知识，分析知识之间的联系，进行反复思考，深入理解教材内容，进而深化知识并形成能力。随着学习层次的提高，自主学习的重要性越来越明显。高考旨在选拔具有学习潜能并能独立学习的学生。只有提高孩子的独立学习能力，他们才能在竞争中脱颖而出。

2.保持专注力的习惯

为了学明白，孩子们在课堂上需要保持专注，认真与老师互动并听取同学的发言。在听讲过程中抓住重点、难点和疑点，边听边积极思考，能在课堂解决的问题决不留到课后。

尽管有些孩子已经超前学习，但课堂听讲仍然具有重要价值，因为总有一些知识点尚未掌握。孩子需要学会比较和分析教师、同学和自己的思路，以找到解决问题的最佳方法。课堂是获取新知识和巩固已学知识的关键场所。通过与教师和同学的互动，孩子可以更深入地理解知识，提高自己的思维能力。即使已经掌握了一些相关知识，孩子也应该保持谦虚的态度，不断学习和进步。通过课堂学习，孩子可以发现自己的不足之处，并有针对性地进行改进。课堂学习可以帮助孩子建立一个完整的知识体系，助力未来高阶学习。

3.善于观察的习惯

“观察”这个词汇包含两层含义。其中，“观”指的是看，而“察”是需要进行思考的，以更深入地认识客观事物。

为了培养孩子的观察能力，家长和教师可以采取以下措施：

◎ 鼓励孩子多观察周围的事物，如自然界的景象、人物的言行举止等。

◎ 引导孩子在观察过程中进行思考，提出问题，并尝试寻找答案。

◎ 引导孩子学会从不同角度和层面进行观察，以获得更全面的认识。

◎ 为孩子提供丰富的观察材料，如图书、图片、视频等，以激发他们的观察兴趣。

总之，观察是学习的重要途径，家长和教师应该重视培养孩子的观察能力，帮助他们更好地认识世界。

举个例子，参加童话续写活动时，许多孩子自己随便选择一个童话就开始续写了。有观察能力的孩子会先找资料，思考童话续写的关键点。第一步，区分童话、神话、寓言、魔幻小说，思考它们的不同，找到典型的童话作为参考。第二步，精读原文，用思维导图导出人物线、事件线、核心主题等线索，从而找到突破口进行续写。经过思考与准备，这样的续写才能提升底层能力。

4.善于提问的习惯

提问是学习过程中非常重要的一环。学生不应该害怕向老师、同学或家长提问，而应该勇敢地提出自己的疑问。“学问”就是要开口问。爱提问的孩子主动学习能力都非常强，这也是学习高手的必备能力。一定要告诉孩子不要不懂装懂，要勇于承认自己的不足，这样才能不断进步。

培养孩子的提问意识，让他们意识到提问是学习的重要途径。家长和教师应该重视培养学生的提问能力，帮助他们更好地掌握知识，提高学习效果。

5.相互交流的学习习惯

《学记》上讲“独学而无友，则孤陋而寡闻”，学习交流和思想交流在同学之间非常重要，遇到问题时，就应该互相帮助、学习并进行讨论。每个孩子都需要学会从他人的优点中吸取经验，以弥补自己的不足。就像可爱的小蜜蜂一样，孩子们需要不断地吸取花朵的精华，并反复加工，才能提炼出知识的精华。学习就是吸收信息、消化信息并自我创新的过程。同学之间或者与老师的交流，可以激活孩子的脑力，产生全新的思考模式，同时也提升了团队协作能力，提高了情商与心商。

6.独立做作业的习惯

做作业是学生每天都要做的事情，是反映孩子在学校学习效果的主要方式。做作业是必不可少的学习和积累的重要过程，也是抗遗忘、复习的过程。没有独立思考与整理知识的时间，大脑神经元链路的稳定性不好，形不成长时记忆，学习成绩就上不去。

一定要纠正不良的做作业习惯。有的孩子做作业时态度不端正，采取“拖拉、抄写、代写”等不好的手段，导致所有题目看着都会，但一做就错；有的孩子面对不会做的题目干脆不动笔不思考，放弃了；还有一些孩子简单的题目做不对，复杂的题目做不全。这些问题，都需要家长尽快发现，帮助孩子及早改变这些不良习惯，不要影响孩子未来的学业成绩。

7.仔细审题的习惯

在日常学习和考试中，仔细审题可以帮助孩子准确理解题目要求，避免因误解题目而导致错误。为了培养孩子仔细审题的习惯，家长可以采取以下措施：

◎ 让孩子认真阅读题目，不要急于下笔，要仔细理解题目的要求和条件。

◎ 引导孩子学会分析题目，找出题目的关键点和难点，以便更好地解决问题。

◎ 鼓励孩子在审题时做标记，如画出关键词、写下问题等，以便更好地理解和记住题目。

◎ 引导孩子在审题后进行思考，充分思考后再进行答题。

◎ 定期检查孩子的审题习惯，及时纠正不良习惯，鼓励孩子坚持仔细审题。

审题能力与高效阅读能力息息相关，考试或者做题时阅读的速度、阅读后的记忆、记住后的理解，都决定了审题的结果。有关高效阅读的内容可参考前文解读。

8.练后反思的习惯

每个学生都要进行强度较大的练习，但做完题目并不是结束，而是新一轮学习的开始。在学习和考试中，练后反思可以帮助孩子总结经验教训，找出自己的不足之处，从而不断提高自己的学习水平。

◎ 告诉孩子在完成作业或考试后，不要急于放松，要认真反思自己的答题过程和结果。

◎ 孩子需要分析自己的错误，找出错误的原因，避免在以后的学习中犯类似的错误。

◎ 总结自己的学习经验，找出自己的优势和不足，以便更好地调整自己的学习方法。

让孩子在反思后制订改进计划，明确自己的学习目标。反思可以帮助孩子在之后的学习和考试中取得更好的成绩。

9.复习归纳的习惯

◎ 复习就是消化已学知识、加深理解和加长记忆，达到举一反三的效果。

◎ 复习就是通过提炼和串联分散的记忆，使知识系统化、条理化、重点化，避免知识脱节。

◎ 复习要及时，尽量遵循艾宾浩斯遗忘曲线的时间节点，有计划地复习。

每次复习记忆性知识点的时间不需太长，但要多次重复以加深印象。课后要进行小结，概括所学知识，抓住重点和关键点。小学阶段的家长应该定时与孩子一起“复盘”学习内容，一、二、三年级一周一复盘，四、五年级一个月一复盘，六年级以上孩子自己定时复盘。

会复盘的孩子才真正形成了自主学习能力，在未来的初、高中阶段才更有后劲，可以跟上学习节奏的变化，才有可能成为学习高手。

10.整理错题集的习惯

学习过程中，尤其在大考前，把错题本上的题目过一遍非常重要。

错题本是拉开“学优”与“学霸”的有效学习工具，建议孩子从三年级开始学会整理错题本，并形成错题集，未来中高考就会有的放矢地进行复习。定期回顾错题本，可以帮助孩子将知识点转化为长期记忆。通过整理错题本，孩子可以看到自己的进步，从而增强自信心和学习动力。

整理错题本的过程，也是孩子学习如何解决问题的过程，这对他们未来的学习和生活都有很大的帮助。一定要鼓励孩子养成整理错题本的习惯。

第17章

好的学习策略从学会听课开始

孩子听课前做好4项准备，提升学习效率

课堂学习是孩子们获取知识的主要来源，很多家长让孩子课外使劲补，课堂上休息，甚至请假出去补习，这就是本末倒置。

听课是学生掌握、理解和增长知识的源头。在课堂上不仅是听课，更有互动，有老师对知识的精心讲解、对问题的深入分析，并通过课堂练习，使学生能当堂消化与巩固所学知识。每一节课都是珍贵的，也是公平的。课堂学习效率的高低，严重影响未来孩子对学习的态度与学业成绩。

课堂学习的高手都会做到“5到”，即眼到、耳到 、口到、手到、心到，缺一不可。课堂上最重要的是“听课”，听课不单单指听，还需要看，就是眼睛看、耳朵听，所以提升孩子眼脑协调、耳脑协调的能力对提升知识吸收率尤为重要。

孩子听课需要的四项准备：

1.预习了解内容：通过课前预习，课堂听讲更有针对性。

2.带着问题听课：因为预习，孩子更期待找到不足，紧跟老师

思路，主动思考，积极提问。

3.做好课堂笔记：好的笔记是好记忆的开始，笔记不仅仅是记录，更是总结和追踪。

4.下课就做抗遗忘：下课后第一时间在大脑里把本节内容过一遍，第一遍的抗遗忘复习十分重要，可以大幅提升记忆留存率。

想要提升听课质量，在上课前必做一件事：课前预习。

预习可以让孩子快速找出旧知识中不会的内容，并在上课前学明白，为听课扫清障碍。听课前不预习只能是老师讲什么就听什么，一定分不清重点、难点。预习后再听课，孩子会把专注力集中在预习时不太理解的内容上，从而提升了听课的主动性。经常预习会掌握学习的主动权，孩子学习更轻松！

预习三环节：读、画、思。

读，认真阅读课内教材，教材是最好的“第一老师”，要认真研读。

画，把不明白的内容用彩笔画出来，这就是未来听课的重点。

思，预习后认真思考，掌握新课的大概内容和知识要点。

在预习中不懂的地方，就是孩子上课时最需要集中精力听的地方。因为听懂了这部分，加上孩子预习时本身已经明白了的部分，整节课的新知识就都明白了。消灭不懂的地方，这是听课最关键的事，也是听课的“第一目的”。

自学四大心得：

心得一，前一天先预习，第二天再听课。

心得二，回家第一步先复习，第二步再做作业。

心得三，遇到不会的难题，第一步先独立思考，第二步再请教别人。

心得四，养成"整理错题集"的习惯，每次考试后，都要认真分析错题，好好研究，找准问题根源，及时纠正错误，相同错误不犯第二次，下次把丢的分捡回来，这次60分，下次70分，这就是进步。

从课堂知识的吸收到回家后知识的复习与再吸收，是一个完整的学习系统高效循环的过程，这个过程就是在新知识与老知识形成链接后打造神经元连接的稳定性，也是形成长时记忆的必备过程。所以无论你是什么段位的成绩，想要成为学习高手，就必须有一套属于自己的抗遗忘流程。

高效的学习需要完成"测—学—练—测"这个标准流程，从而来验证学习的结果。孩子们每一天都在这样的循环中不断成长。下面是高效学习流程：

1.课前预习

2.带着问题听讲+课堂笔记

3.课下复习/练习+思维导图章节/全书总结

4.测试与考核

5.试卷分析+错题本

6.融会贯通的复习+升级考核

每一次完整的信息循环都是学生知识结构的升级迭代，在这个高效循环的流程中，学生掌握了学习的方法，运用了学习的工具，从而得到了比较全面的知识结构。这个高效学习流程，孩子可以从二年级开始尝试应用，建议拥有一套自己模式的学习循环流程。在这个“测—学—练—测”的循环里，课堂笔记、思维导图、试卷分析与错题本这些学习工具的加入，对孩子们的学习绝对是“如虎添翼”。我们家长要做的，就是配合学校和老师，把方法与工具一步一步地植入到孩子的日常学习中。不要总去感叹“别人家的孩子”，你的孩子也可以站在巅峰。

找到知识漏洞、解决隐藏问题、加强记忆的费曼学习法

费曼学习法是一种有效的学习方法，可以帮助学生更好地理解和掌握知识，很多孩子都在用这个方法学习，可能他自己都不知道。

1.费曼学习法的核心思想是将所学内容用最简单的话术讲解，让9岁孩子都能听懂，从而提高孩子对知识的长时记忆能力。

2.费曼学习法可以简化为四个单词：Concept（概念）、Review（回顾）、Simplify（简化）和Teach（教给别人）。

3.具体操作方法包括：

◎ 选择要深入学习的知识点，通过听课、做练习、阅读教辅资料、向同学请教等渠道学习。

◎ 假设自己是老师，向家人或同学一对一讲解，或者在纸上给自己解释这个新知识点，以清晰的语言讲述，边讲边写。

◎ 遇到讲解卡壳或无法解答的问题时，及时标记，找到知识漏

洞，再去复习与测试。

费曼学习法是一个闭环学习方法，包括输出和检测反馈。当孩子愿意向别人表达自己学习的新知识时，证明他的学习自信心在提升，这时的学习会变得更有效。这个过程虽然听起来简单，但让孩子做到与别人沟通、分享或者讨论并不是一件容易的事。通过给同学讲题，孩子可以快速找到知识漏洞，解决隐藏问题并加强记忆。

费曼学习法强调了学习过程中的互动和交流，通过讲解和讨论，学生可以更好地理解和掌握知识。家长要鼓励孩子主动思考和表达，培养孩子的批判性思维和创新能力。这些不仅仅是高考考核的要点，更是未来走向社会的必要高阶能力 。

在我采访过的很多学习高手中，大部分人都有在初中和高中经常给同学讲题的经历。例如，王同学在班级排名第一，同学们经常找他讲题。他告诉我："大部分题目同学过来问我的时候，我的思路都不是特别完整，但是给同学讲着、讲着，思路就开阔了，讲的过程中自己的思路也捋顺了。所以我特别爱给同学讲题，我的大部分课间都在讲题。"

王同学最后以非常高的分数考到天津大学，一是因为他有良好的学习习惯，二是他应用了费曼学习法——一直在给同学们讲解知识。

抗遗忘复习，帮孩子提升知识留存率

学习就是建立新神经连接的过程，无论多么聪明的孩子，学过的新内容都会在一段时间内忘记一大部分，所以复习是让知识留存的最佳方式，想要抗遗忘就必须不断复习。

复习的节奏与时间安排可以按艾宾浩斯遗忘曲线的时间点进行，前面对艾宾浩斯遗忘曲线进行了详细说明，这部分我们讲如何复习。

孩子复习时要有三个意识：

第一，学会提问——知道自己哪里不知道。

通过复习找出自己的弱点。一定让孩子学会提问，一、二年级是锻炼孩子提出比较专业的问题的最佳时间。会提问的学生很大程度上是学习好的孩子。“知道自己哪里不知道”和“不知道自己哪里知道”绝对是两个段位的学习层次。

第二，学会总结——拥有自己的知识树。

这是对三、四年级孩子的要求，对系统知识进行归纳总结，对容易混淆的知识进行比较，建立起自己的知识树。孩子有属于自己的知识树非常重要，学习会更轻松，也会更自信。对于知识树要随时地填充与修改，才能把复杂知识记牢。在总结、整理、归纳时，思维导图可以大幅提升孩子的归纳速度。

第三，学会反思。

能够反思的孩子，说明日趋成熟了。五、六年级的孩子应该在每次大考后进行试卷分析，并反思这段时间学习习惯、学习方法及学习能力的内化问题。这个年纪的孩子已经比较成熟了，尤其女孩子，完全有自己分析问题的能力。家长要多给孩子留出空白时间，让孩子自我成长。

抗遗忘复习的第一步是抗遗忘，第二步是消化并记住知识，第三步是加深理解并举一反三。这是一个对知识固化、内化的过程，需要孩子的内驱力，外力干扰过多反而效果不好。家长跟孩子一起写作业应该停留在二年级，从三年级开始，孩子们就应该拥有自己的抗遗忘、复习、强化、内化的方法，家长越陪伴，孩子越离不开，离开的“阵痛”会让孩子快速成长并拥有高效率的自学能力。三、四年级是打造孩子高效自主学习能力的关键期。请不要成为孩子成长路上的绊脚石，你的爱是给予他们学习的能力、方法与工具。

第18章

学习高手必备3大高效率学习工具

前面我们讨论了很多关于学习力、脑力、心能等底层能力提升的方法，但再好的方法也要有落地实施的过程，所以学习工具尤为重要。学习工具从孩子一年级时就可以开始使用了。

线上线下都有很多学习工具可供选择。在过去一年中我采访了190多位真正的学霸，有北大、清华、浙大、厦大的毕业生，也有牛津、哈佛、耶鲁的留学生。当问到："作为学霸你最常用的学习工具是什么？"几乎所有学霸的回答里都有两个工具：错题本和课堂笔记。原来以为每个学霸都有自己不同的学习工具，但是问询了190多人后，他们回答的共同点让我非常惊喜。这里我们就讲一下真正的学习高手都频繁用到的三个学习工具——试卷分析、错题本和笔记。

快速提升成绩的秘籍——试卷分析

有个动物园，引进了一只瞪羚。

第二天，瞪羚跑到围栏外面了，管理员发现瞪羚太能跳了，于是把围栏加高了一尺；第三天，瞪羚又跑了出来，管理员又加高了一尺；第四天，瞪羚还是跑了出来……

一旁的骆驼问瞪羚："他们会不会继续加高围栏啊？"

瞪羚说："很难说，如果他们继续忘了——关门。"

你也许就是那个管理员，没有发现自己的问题在哪里，所以做的所有努力，都是无用功。为什么很多孩子补了那么多课、刷了那么多题，分数还是上不去？因为孩子只是在加高围栏，根本没有发现自己的门还开着呢。

学习就是发现问题、分析问题、解决问题的过程。考试中出现的所有问题，都是孩子学习中的漏洞，也是亡羊补牢的机会。如果到了这个时候，还不把漏洞堵上，"瞪羚"下次肯定还会跑出去。

试卷分析的第一要点是快速找到漏洞。我们经常说查漏补缺，补缺不难，难的是查漏。绝大多数学生，发现不了自己的问题，只能是重复低效地刷题、补课，结果对于家庭来说只能是费时费力费钱。发现问题比解决问题更重要，拆解问题比盲目"死磕"更重要。试卷分析就是精准定位问题，一旦你能够快速定位问题，解决问题就易如反掌，成绩自然会越来越好。

试卷分析的第二要点是不要把错误或问题归结为马虎，然后就不再关注了。请记住，考试没有马虎。如果孩子把问题定义为马虎，就不会发现真正的问题。马虎是结果，不是原因。为什么会马虎，这才是重点。比如做错一道数学题，绝不仅仅是马虎，是因为孩子不会用演算纸、书写习惯不好、计算能力不足，还是逻辑推理有问题？……要想不犯马虎的错误，就必须从本质上解决这个问题。

教孩子不要拿马虎当借口，也不要一看答案就觉得自己会。看答案就像看书听课一样，为什么"一听就会，一考就废"？就是因为孩子只听不总结，只看不反思，没有思考的过程知识就很难在大脑里长久存留。答对不是终点，而是学习的起点，知道为什么对也非常重要。

“错题本”帮孩子找出学习中的薄弱环节

错题本不仅仅是一个记录学习中错误的本子，更是一个提高学习效率的工具，可以找出孩子学习上的薄弱环节，从而制订学习计划，提高整体学习效率。有错题本的孩子会非常清楚自己的知识漏洞并有针对性地补充题型，没有错题本的孩子只能反复从头到尾地复习，最终查缺补漏就做得不充分。所以家长及时带动孩子使用“错题本”这一学习工具，非常必要。

有些同学看似很勤奋，把所有的错题都抄在错题本上。错题本不是用来辛苦地抄写，这样一点效果没有，还容易让自己觉得做了很多努力。学霸不做这种无用功。他们知道，无论是错题本还是试卷，都只是帮助自己发现问题、解决问题的工具，不是越多越好，而是越有效越好。所以，错题本的正确使用方式，是在分析试卷或者问题之后，挑选典型题目记录。会做的就划掉，不会的专门整理。

错题本三问：

◎ 哪儿错了？

◎ 什么原因？

◎ 怎么做才能避免下次不再犯错？

常见的错题本有三种类型：

一是改正型错题本，试卷分析后将错题的题目都抄下并写下正确答案。

二是汇总型错题本，按课本章节的顺序分类管理错题，适合每个期末考试前整理本学期所有错题。

三是纠错型错题本，按错题原因进行分类，也就是将所有错题再过一遍，把相同问题的放在一起归类。

如何设计自己的错题本？创建错题本并不复杂，只需要遵循以下几个步骤：

1.选择合适的本子：选择一个大小适中、厚度适中的本子，以便于携带和使用。

2.划分区域：将本子划分为三个区域：错题区、解析区和总结区。错题区用于记录错题，解析区用于记录对错题的解析，总结区用于记录对错题的总结和反思。

3.标记清晰：确保错题的标记清晰，便于阅读和查找。可以使用不同颜色的笔进行标记，或者使用标签进行分类。

学霸一般都有属于自己的错题本，翻开错题本就可以看到这个人学习的思维模型，如何学习、如何找错、如何改错、如何提升都尽收眼底，所以要尽早鼓励孩子使用错题本。

高效学习的外化工具：启能学霸笔记

好的笔记不是抄书，而是帮助我们整理知识、记录思考，最终搭建知识体系的工具。记笔记最基本的作用就是加深对课程内容的记忆，古人所说“手抄一遍，胜读十遍”。课堂上的重要知识点都在笔记上，复习时效率很高。

笔记一般分课上笔记与课下笔记。课上记笔记可以防止课内走神，但孩子们应该处理好听课和记笔记的关系。

下面介绍一种开启孩子学习能力的启能学霸笔记，让孩子拥有高效学习工具的同时培养系统性思维能力，建立科学的学习习惯。启能学霸笔记是孩子学习能力高速提升的学习工具，分为5个部分：

第一步：课堂笔记——康奈尔笔记法，快速归纳整理。

第二步：补充笔记——费曼学习法，提升知识留存量。

第三步：总结笔记——导图笔记法，梳理学科逻辑。

第四步：抗遗忘复习——艾宾浩斯复习法，增强记忆深度。

第五步：查缺补漏——移动卡片笔记法，增强学习效率。

下面具体介绍一下启能学霸笔记的实现步骤，建议家长和孩子一起阅读，并应用起来。

第一步：课堂笔记

我们选择用康奈尔笔记法，快速归纳整理上课内容，并形成笔记模式，进行深度记忆。

康奈尔笔记法又叫5R笔记法，优点是建立笔记内容的内部索引，特别适合做学生的听课笔记。

5R为：Record，记录；Reduce，简化、归纳；Recite，背诵、记忆；Reflect，思考、反省；Review，复习。

康奈尔笔记一般分为三个区域：主栏区、副栏区、总结区。

止中间最大的区域可以划分成四个区域，例如在英语课堂上我们记笔记，会把中间区域分为重点词汇、句型结构、语法点、发音错误等区域，这样上课重点一目了然。右侧栏目是下课后孩子马上对课堂知识点进行的总结。晚上回家或者下午自习时间再一次用一句话总结今天所学。

我把康奈尔笔记的检索栏从左侧搬到了右侧，是因为在过去的几年中我发现，很多孩子都不填写左侧的栏目，当栏目换到了右侧，填写的比例提高了一倍，所以启能学霸笔记中，用到的康奈尔笔记检索栏目都在右侧。只要是适合孩子的就是最好的，左侧还是右侧并不重要，重要的是孩子愿意用，用起来才是王道。

康奈尔笔记法解决知识输入速度，在快速记录的时候一定要让孩子学会一些记笔记的快捷方式，下面列举一些：

∵ 因为	↑ 增加，增强，上升	VS. 对抗、对比
∴ 所以	↓ 减少，下降	% 百分比
* 重点	← 原因	∈ 属于
= 等于	→ 结果	∑ 总计,总数,总和
& 和、与、及	√ 对的、正确的	℃ 度温度
≈ 大约	> 大于	: 说的，想的
+ 加、和	< 小于	Δ 变成、变化
e.g. 举例	NB 注意	Am 早晨
? 问题	Q 问题	Pm 下午
! 自行定义	A 答案、回答	etc 等等，省略

笔记快捷常用符号

第二步：补充笔记

这部分属于课后训练，孩子一定要把当天学过的内容讲述一遍，这就是之前讲的“费曼学习法”中最简单的应用方式，可以大幅提升当天所学知识的留存率。

费曼学习法的核心思想是“以教代学”，在这里的应用就是孩子回家后选择一个科目给爸爸、妈妈讲述一遍学习的重点内容。要言简意赅地用1—3句话把课程重点讲明白，如果讲不明白，没关系，回去看课堂笔记和教科书，弄明白再回来讲，直到弄清楚讲明白为止。这个过程非常锻炼孩子的逻辑表达与深度理解的能力，并能增强长时记忆。

课堂笔记是孩子知识输入的过程，那么这个补充笔记实际是用口述的形式输出知识，一进一出的过程中加强了记忆链路，夯实了对知识点的记忆，并进行了逻辑的整理。如果孩子只记录课堂笔记，回家不看不讲，那最终的记忆留存率就只剩下25%不到了，由此可见复习的重要性。启能学霸笔记就是一直用不同的方式反复刺激当天的知识系统，从而实现了这个知识点在大脑中的高效反应，未来考试时调取速度就会很快。费曼学习法解决孩子知识输出的质量。

比如，孩子在学习某个数学定理时，可以按照费曼学习法的步骤进行学习——用自己的话写下定理的内容和条件。

◎ 课间，想象自己是老师，给同学讲解这个定理。在讲解过程中，孩子可能会发现自己对某些知识的掌握还不深入，这时候他就会知道哪里需要重新学习。

◎ 回家后，向爸爸妈妈讲解这个定理。如果对方能听懂讲解，说明孩子已经掌握了这个定理；如果对方有疑问，可以一起讨论，进一步加深对定理的理解。

◎ 让孩子根据听讲人的反馈，再次优化自己的讲解，直到能够简洁明了地讲清楚定理的内容和应用。

第三步：总结笔记

记录课堂笔记、回家给爸爸或者妈妈讲解后，让孩子用思维导图梳理当天所学内容。学习的过程由浅入深，在学习新知识时，通过思维导图可以把新知识与旧知识相结合，改变原有认知结构。新、旧知识之间的连接就是学习的关键。

启能学霸笔记法的每个环节都非常重要，思维导图是精髓，可提升思考技巧，大幅增强记忆力、组织力与创造力，是孩子应用于日常记忆、学习、思考的思维“地图”，让孩子拥有好的扩散型思维，能把本科目当天学习的内容用思维导图画出来。

特别厉害的孩子，在课堂上就直接画出思维导图了。日常经常使用思维导图记笔记，可以让孩子在上课时将视觉记忆、听觉记忆与逻辑思维力快速地统合整理形成思维导图，大大增加孩子的专注力、记忆力和理解能力。

第四步：抗遗忘复习

让孩子用艾宾浩斯复习法重复记忆笔记内容，增强记忆深度。前文有详细介绍，艾宾浩斯记忆法是遵循艾宾浩斯遗忘曲线所揭示的记忆规律，让孩子对所学知识和记忆及时进行复习。

下图是启能学霸笔记本，背面是空白，用来画思维导图，正面如下图所示：

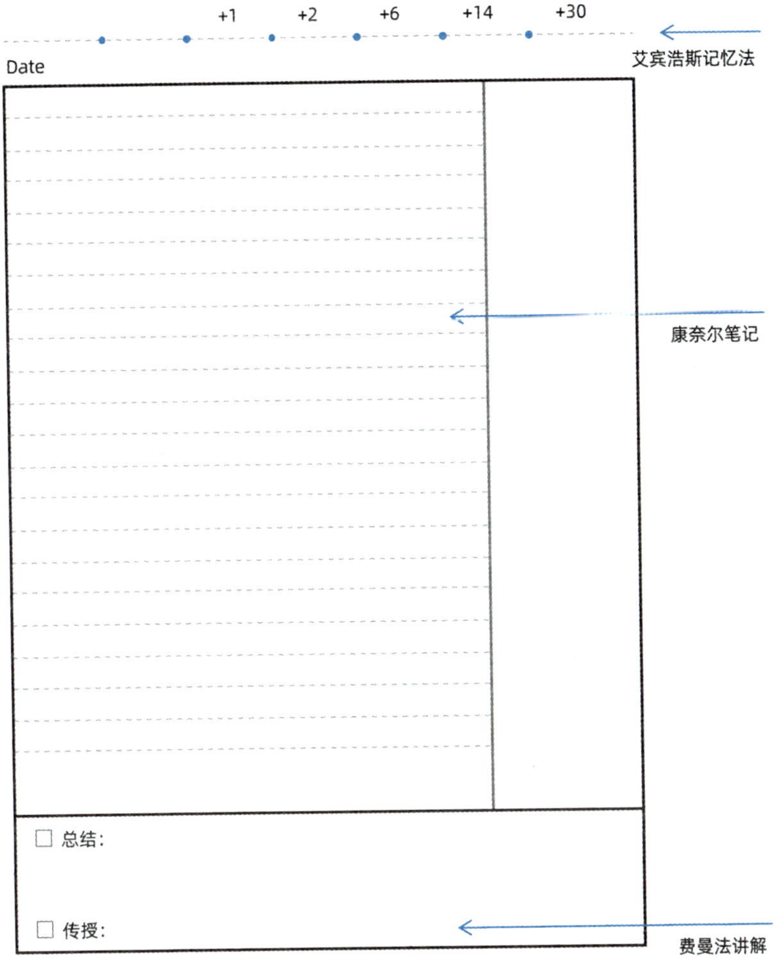

启能学霸笔记一页纸

艾宾浩斯记忆法的精髓总结来说就两个字：重复。不过是有方法、有技巧的重复！因为孩子每天的时间安排是固定的，使用艾宾浩斯记忆法后，背诵任务越来越多，所以一定要控制好孩子每天课文背诵或者单词背诵的任务量，不然孩子很容易放弃。

第五步：移动卡片笔记法

移动卡片法是上面四个方法的延伸，就是把记录笔记后各种不能记住的内容写在移动卡片上进行随机的学习，例如：记不住的单词、古诗、公式等。“移动”对应的是英文中“portable”一词，也就是“便携的、可移动和携带的”之意。笔记如何“移动”起来呢？这就有赖于记笔记的工具了：便利贴和闪卡。

◎ 一种是可粘贴的便利签，选择家里常用的5个位置，每个位置粘2张，每周更换10张，例如厕所、床头、冰箱等孩子每天必去的地方一定要贴上。

◎ 一种是随身携带的闪卡，每天带5张卡片，对每张卡片上的内容反复记忆5次，这些都是做记忆类内容的学习。第二天再换5张新卡片进行记忆。

便利贴大家一定不陌生，这些正方形、长方形的彩色贴纸在文具店里拥有极高人气。“闪卡”的英文是flash card，在西方国家尤其流行，是学生的必备学习工具。闪卡不带贴胶，主要由学习者随身携带使用（比如放在口袋里）。

启能学霸笔记用6部曲完成了新知识的转化与吸收，让孩子们通过以下6个方法迅速地把新知识与旧知识结合起来。

（1）记录——知识速记：在左边大区域快速记录学习内容。

（2）提炼——提炼关键点：在右边区域提炼学习内容的关键要点。

（3）回顾——还原回顾：用遮挡板遮挡左边大区域的内容，根据关键点还原回顾记录的知识内容。

（4）传授——知识传授：将所学内容用自己最简单的话进行讲解，所讲内容需能让9岁孩子听懂，这样可以提升所学知识的记忆留存率。如果遇到讲不清楚的关键点，记录下来重新去思考、理解直到能讲明白。

（5）梳理——梳理体系：用思维导图将所学知识的关键点梳理成知识体系，可使用不同颜色的笔来强化记忆特征。

（6）强化——记忆强化：将记录的知识整理成学习册，遵循艾宾浩斯遗忘曲线设计的记忆节点，不断复习、背诵、强化所学知识，提升知识记忆深度和完整度。

使用启能学霸笔记的过程本身也是学习的过程，将知识点进行归纳和总结时，需要不断回顾和思考，这有助于孩子巩固记忆。而且，通过将知识点用自己的语言表达出来，孩子可以更好地理解和记忆这些知识，提高学习效果。启能学霸笔记法是成为学习高手的助推器，也是最有效的学习工具之一。

第19章

拼的不只是脑子，为孩子全方位供能无短板

这一代的学生普遍面临较大的学习压力，容易产生焦虑情绪，身体也显得“脆皮”，因为身体和心理健康情况被迫休学的孩子也不在少数。

教育关乎每个家庭和每个孩子一生的命运。除了关爱，更需要家长们的教育智慧和艺术。高质量陪伴并不是说要时时刻刻“看着孩子”，而是要科学引导、全面布局，适时供给资源。比如，为了保障孩子有一个良好的学习状态，可以通过呼吸法、科学运动和高效睡眠等实用方法，持续给孩子全方位赋能，消除他们的短板。

神奇呼吸法，治愈考前焦虑，提升大脑能量

人的一生，会经历无数次考试。为什么有的人可以超常发挥，有的人虽然准备充分，却还是会临阵怯场、马失前蹄？这在很大程度上是因为每个人面对考试时的心态不同。只有心稳、脑稳、手稳的孩子，才能在人生的诸多考试中做到“超常发挥”。

心稳是指内心平静、安定的状态。当我们处于心稳状态时，

思绪就不容易受到干扰，情绪也能保持稳定，能够很好地处理和应对各种情况和挑战。

心稳是一种内在的稳定状态，有助于提高生活质量和工作效率，促进身心健康。培养和提升心能、实现心稳状态的方式有很多种，如冥想、呼吸练习、放松、正向思考等，其中最好着手的方式就是进行呼吸练习。下面，我们将给大家详细介绍一种神奇的呼吸方法，既可以快速缓解考前焦虑，又能持续为大脑赋能。

呼吸是我们生存的基本需求之一，我们很少刻意去关注它。所以很少有人会意识到，呼吸对于智力和思维能力有着巨大影响。科学研究表明，正确的呼吸方式不仅可以改善我们的身体健康状况，还可以提升我们的智力和思维能力。善于利用这种神奇的呼吸方法，可以让孩子的大脑能量提升数倍。现在就让我们一起走进这个神奇的呼吸世界吧。呼吸分：

◎ 有氧呼吸、无氧呼吸

◎ 口呼吸、鼻呼吸

◎ 有意识呼吸、无意识呼吸

◎ 快速呼吸、慢速呼吸、屏住呼吸

◎ 腹式呼吸、胸式呼吸

当孩子们出现考前焦虑、紧张等情绪时，可以带孩子用其中两种具体的呼吸法进行自我心理调适。如下图所示：

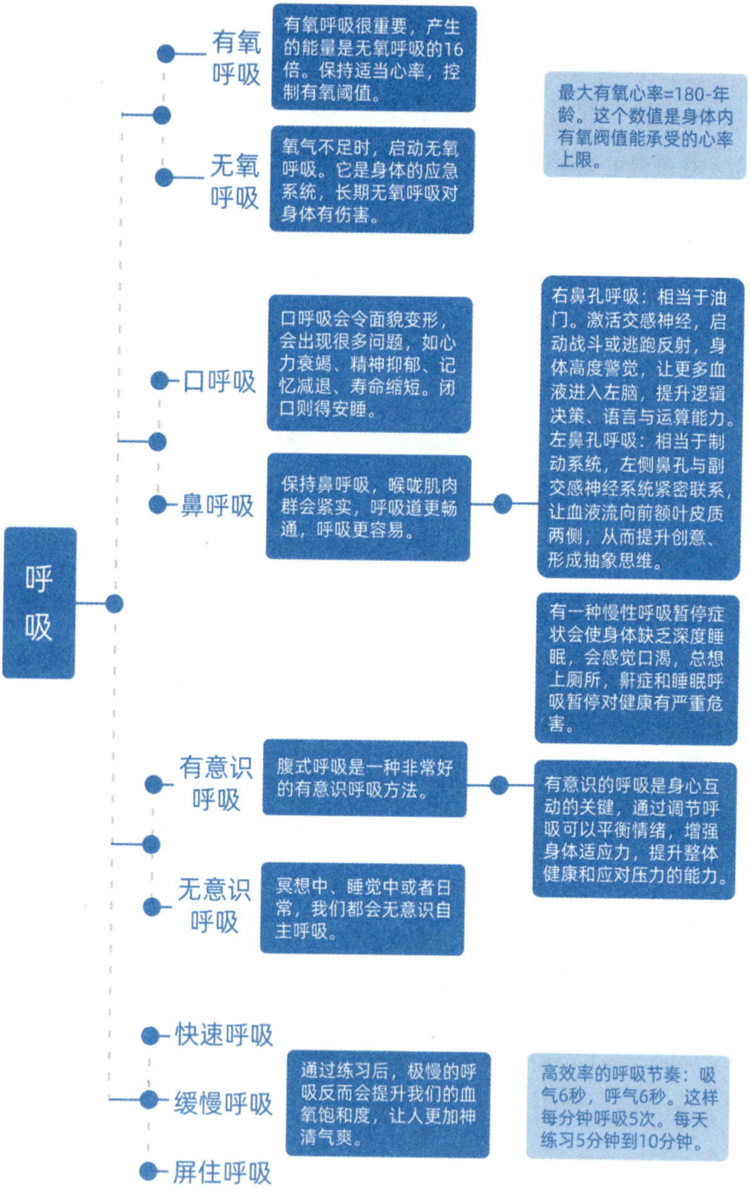
呼吸
有氧呼吸
有氧呼吸很重要，产生的能量是无氧呼吸的16倍。保持适当心率，控制有氧阈值。
最大有氧心率=180-年龄。这个数值是身体内有氧阀值能承受的心率上限。
无氧呼吸
氧气不足时，启动无氧呼吸。它是身体的应急系统，长期无氧呼吸对身体有伤害。
口呼吸
口呼吸会令面貌变形，会出现很多问题，如心力衰竭、精神抑郁、记忆减退、寿命缩短。闭口则得安睡。
鼻呼吸
保持鼻呼吸，喉咙肌肉群会紧实，呼吸道更畅通，呼吸更容易。
右鼻孔呼吸：相当于油门。激活交感神经，启动战斗或逃跑反射，身体高度警觉，让更多血液进入左脑，提升逻辑决策、语言与运算能力。左鼻孔呼吸：相当于制动系统，左侧鼻孔与副交感神经系统紧密联系，让血液流向前额叶皮质两侧，从而提升创意、形成抽象思维。
有一种慢性呼吸暂停症状会使身体缺乏深度睡眠，会感觉口渴，总想上厕所，鼾症和睡眠呼吸暂停对健康有严重危害。
有意识呼吸
腹式呼吸是一种非常好的有意识呼吸方法。
有意识的呼吸是身心互动的关键，通过调节呼吸可以平衡情绪，增强身体适应力，提升整体健康和应对压力的能力。
无意识呼吸
冥想中、睡觉中或者日常，我们都会无意识自主呼吸。
快速呼吸
缓慢呼吸
通过练习后，极慢的呼吸反而会提升我们的血氧饱和度，让人更加神清气爽。
高效率的呼吸节奏：吸气6秒，呼气6秒。这样每分钟呼吸5次。每天练习5分钟到10分钟。
屏住呼吸

呼吸分类图

1.腹式呼吸放松法

具体做法为：

（1）吸气。采取仰卧或舒适的任何坐姿，挺直脊柱，把一只手放在腹部肚脐处，放松全身，先保持自然呼吸的节奏，然后吸气，最大限度地向外扩张腹部，使腹部鼓起再鼓起，胸部保持不动。好，你做得非常好。

（2）呼气。呼气时腹部自然凹进，朝向脊柱方向收紧肚子，胸部保持不动。最大限度地向内收紧腹部，告诉自己把所有废气从肺部呼出去，这时，横膈膜自然而然地升起。循环往复，保持每一次呼吸的节奏一致，细心体会腹部的一松一紧。

以上动作连续做10遍，呼吸会变得自然而均匀；再做10遍，会感到欢快舒畅，心情平静；再做10遍，呼吸变得缓慢深长而又充分放松。

平时每天都可以找时间做上5分钟腹式呼吸法，让人脑与身体放松。对于要参加考试的孩子来说，在进入考场后，用1分钟做几组腹式呼吸进行放松，就可以进入深度专注的状态，脑力也可以得到提升，从而帮助在考试中稳定发挥。下面我们再给大家分享一下“4-7-8呼吸法”，这个也可以让孩子在考前使用。

2.“4-7-8呼吸法”

“4-7-8呼吸法”是美国亚利桑那州一位医生推出的一种帮助睡眠的方法。在平时紧张焦虑的时候，基本上连续做3次“4-7-8呼吸法”，就会得到缓解和放松。

“4-7-8呼吸法”具体步骤是：

（1）闭上嘴巴，用鼻子吸气，在心中数 4 个数。

（2）停止吸气，屏住呼吸，在心中数 7 个数。

（3）用嘴缓缓呼气，同时心中数 8个数。

孩子在考试前1分钟可以用“4-7-8呼吸法”快速调整状态，让脑力活跃而稳定，快速进入深度专注的做题状态。

呼吸方式对智力和思维能力有着重要的影响。我们可以与孩子通过深呼吸、腹式呼吸、鼻呼吸、冥想和有氧运动等方法一起改善呼吸方式，这样不仅可以为身体健康和心理健康带来好处，还可以提高学习效率和工作表现。

另外，正确的呼吸方式还会影响情绪和情绪管理能力。感到紧张、愤怒或焦虑时，呼吸往往变得浅而急促，这会进一步加剧负面情绪。相反，通过深呼吸和缓慢而有意识地呼吸，可以触发体内的放松反应，降低身体的应激反应，从而改善情绪状态。研究也表明，孩子们通过练习深呼吸和调整呼吸节奏，可以增强大考、小考中情绪的稳定性，提高自我控制能力，并能更好地应对压力和挫折，从而提升成绩。

呼吸方式也与学习和记忆能力密切相关。当处于紧张和焦虑的状态下，人们的注意力是分散的，记忆和学习能力也会受到影响。深呼吸和放松身体可以明显提高注意力。同时，深呼吸可以改善大脑的血液循环，增加氧气供应，从而提高大脑的工作效率和记忆力。因此，当我们进行学习或参加考试时，可以尝试通过深呼吸来调整身心状态，提高学习和记忆能力。

3.斯坦福抗疲劳法

上课困成啄木鸟，下课无精打采成蔫白菜，考试时头脑像浆糊，明明会做的题，思维却像一团乱麻。大脑过于疲劳，高效学习就如同无根之木。我们推荐大家尝试下斯坦福抗疲劳法，可以帮助大脑高效缓解疲劳。

只要按照以下这3个方法做起来，孩子也可以掌握斯坦福抗疲劳法的精髓。

（1）消除体内压力的IAP呼吸法，也就是“腹式呼吸法”。

我们平时应用最多的是胸式呼吸。这是一种比较浅层的呼吸方法，达不到减压和消除疲劳的作用，而腹式呼吸法可以有效地起到预防和缓解疲劳的作用。

在考试前，可以用1分钟的腹式呼吸法排解紧张情绪，效果显著。在睡前2分钟进行腹式呼吸，可以大大提高睡眠质量。

（2）动态运动消除疲劳物质。

斯坦福抗疲劳法认为：“通过补觉的方式是无法消除疲劳的”。同理，如果你想采取玩手机、刷剧等“不动”的方法去休息，都属于无效休息。能够有效消除疲劳物质的方法是动起来，这样才能促进我们的血液循环，将大量的氧气输给我们的大脑和肌肉，使身体保持活力。

（3）控制蛋白和碳水摄入比例，消除肠胃疲劳。

食物对于消除疲劳真的很重要。很多学霸家庭都会把蛋白质和碳水化合物的比例控制在3∶1的范围。

调整呼吸+有氧运动+控制饮食，就可以让我们快速摆脱疲劳。

掌握斯坦福抗疲劳法，可帮助孩子有效应对学业压力，提高学习效能。腹式呼吸法可用于缓解紧张和焦虑，动态运动则是消除疲劳的积极方式，而科学合理的饮食搭配有助于维持身体健康。家长可以与孩子一同学习并实践这些方法，共同助力孩子在学习中更好地应对各种挑战。

动态运动+静态运动，动静皆宜，告别“脆皮娃”

中考体育分值逐年增加，使更多的学生和家长认识到了体育的重要性。明白一味地追求文化课成绩，忽视体育训练，即使学生的成绩很高，他的发展也是不全面的。未来社会，孩子们拼的不仅是脑力，还有长期的体力。

运动促进大脑健康的神经机制一直是体育科学和神经科学领域探讨的热点话题。孩子需要运动，但是什么样的运动适合孩子，又对孩子有哪些好处，其实大部分家长是懵懂的。中考体育考试项目包含了长跑、短跑、投掷实心球、三级连续蛙跳、立定跳远、一分钟跳绳、推铅球、一分钟仰卧起坐、篮球半场来回运球上篮、一分钟篮球投篮、一分钟排球对墙传球、一分钟踢毽子、足球25米绕竿运球、100米游泳，等等。以其中几个项目为例，我们看看这些项目到底是要考察孩子的哪些基本能力。

◎ 1000米长跑：考核学生长跑耐力和速度。

◎ 引体向上/仰卧起坐：考核学生的上肢力量和腹肌力量，测试学生的力量、耐力和灵活性。

◎ 篮球/排球/足球：考核学生的球类基本功和协调能力。

◎ 跳远：考查学生的爆发力、力量和协调性。

所有人都知道运动对孩子好，但是到底好在哪里呢？我们一起看看体育运动对大脑到底有多少好处，以及是如何从根源上对大脑产生影响的。

1.运动锻炼可以提高专注力

我们大脑中有一个奖励中心“伏隔核”，当“伏隔核”里面的多巴胺水平上升时，“伏隔核”就会活跃起来，我们就会积极和专注；反之就会走神，去寻找能产生更多多巴胺的事情。比如看电视的时候，如果电视节目很精彩，就会刺激大脑分泌大量的多巴胺，激活“伏隔核”，让我们变得很专注；但如果电视节目很无聊，“伏隔核”里的多巴胺水平就会下降，我们就会走神，去寻找能产生更多多巴胺的事情，比如玩手机。

多巴胺其中的一个作用是可以帮我们屏蔽外部和内部的喧嚣。如果一个人的多巴胺分泌不足，屏蔽干扰的能力就会下降，就很容易被来自外部和内部的干扰所影响，无法集中注意力。而运动锻炼就是一种健康且有效的提高多巴胺水平的方法，在运动锻炼之后，人就会变得更加专注和冷静。

2.运动锻炼可以提高记忆力

我们前面讲过，海马体是短期记忆的存储库。我们接收到的各种新信息，会先进入海马体中，然后再传输到大脑皮层里形成长期记忆。如果海马体出了问题，我们就很难记住东西。

运动锻炼可以为海马体增加供血量，为其正常运转提供能量，从而让海马体记住更多内容。而且，运动可以让海马体的体积变大，同时抵抗海马体基因老化。这其实跟运动能增加肌肉、让身体更有活力是一个道理。

人类大脑的体积，大约在25岁时会达到最大状态，之后每年都会自然萎缩一点，这也包括海马体，体积大概每年会减小1%。但这种萎缩并非完全不可逆转。在一项研究中，科学家用核磁共振扫描检查了120个人的大脑，测量了他们海马体的体积，之后把这些人分成两组进行锻炼，一组参加跑步等提升心率的耐力锻炼，一组参加拉伸等不改变心率的轻度活动。一年后，科学家重新测试了受试者的海马体体积，发现拉伸轻度活动组的海马体体积平均缩小了1.4%，跑步等耐力锻炼组的海马体平均增大了2%，这证明耐力型的锻炼可以让海马体更高效地工作，即记忆力更好。

3.运动锻炼能提高创造力

运动能提高创造力，主要原因有两个：其一，运动会使大脑的血流量增加，大脑就有更多能量来思考；其二，运动会使大脑分泌更多多巴胺，而多巴胺能够抑制“丘脑”的信息过滤作用，让更多的信息进入大脑的意识层面。大脑皮层接收到更多的信息，自然就能从更多的角度去看待事物，从而产生更多的新想法。

在提升创造力的运动中，慢跑是一个好方法。除了慢跑，散步也是一种常用的方法。比如，达尔文在写《物种起源》时，经常在家附近漫步一个小时；乔布斯会定期举行步行会议，和员工一边散步一边讨论工作。

4.运动锻炼可以增强抗压能力

大脑里有一个部分叫杏仁核，当面对危机或挑战时，杏仁核就会活跃起来，分泌各种压力激素，比如皮质醇，这会让我们心跳加快、血压升高、肌肉紧绷，让人处于高度警戒状态。同时，皮质醇的上升也会刺激杏仁核，让杏仁核更加活跃，所以压力很容易像滚雪球一样越滚越大。但这个压力一般不会一直持续下去，因为我们的身体是具备自我调节功能的，大脑中的海马体和额叶可以抑制杏仁核的过度反应，对抗压力。如果把杏仁核看作压力的油门，那海马体和额叶就是抑制压力的刹车。

想要更好缓解压力，或者增强我们的抗压能力，可以尝试改善海马体和额叶的抑制功能，做到及时刹车。其中一个有效方法就是“运动锻炼”。运动会产生令人愉悦的物质，比如内啡肽和多巴胺，可以让我们更好地应对压力。同时，运动锻炼也会让额叶获得更多的供血和供氧，排出更多的代谢废物，提高额叶工作效率，让额叶在面对压力时能更加理性地思考，从而更好地应对压力。

科学研究表明，在增强抗压能力上，有氧训练比力量训练更有效，比如跑步、游泳等运动。在运动频率上，建议每周至少2—3次，每次至少持续30分钟。

5.运动锻炼可以减轻抑郁症状

根据《中国国民心理健康发展报告（2019—2020）》，全国中小学生存在不同程度抑郁症状的总体比例超过24%，且随着年级升高而上升。从用户调研数据来看，处于中学阶段的儿童出现情绪不稳定等心理问题倾向的比例最高，达到17.3%。如下图所示：

2020年中国中小学生抑郁检出率

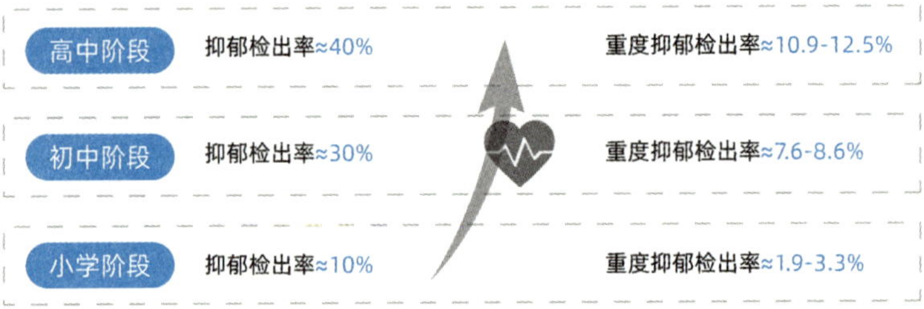

2020年中国中小学抑郁检出率

（来源《中国国民心理健康发展报告〈2019—2020〉》。艾瑞咨询研究院自主研究整理并绘制）

科学家认为，大脑内的多巴胺、5-羟色胺、去甲肾上腺素这三种物质与抑郁症有关，比如多巴胺会提升我们的积极性和注意力。那么，人体内这3种物质是如何平衡和影响我们的情绪的呢？

◎ 多巴胺水平高时，会感到快乐，做事充满动力，反之就会无精打采，做事提不起兴趣。

◎ 5-羟色胺可以镇定过度活跃的脑细胞，使之变得和谐、冷静，它还能够产生愉悦情绪。如果缺少5-羟色胺，会让人感到焦虑和躁狂。

◎ 去甲肾上腺素可以调节人的心理压力，会影响人的警觉性和注意力，水平不足会让人感到疲惫、沮丧甚至引起抑郁、焦虑。

当这3种物质水平过低时，人就可能变得抑郁。运动锻炼可以减轻抑郁症状，原因就在于运动能够提升这些物质的水平。其中，跑步对抑郁症的改善最明显，建议每周至少跑步3次，每次跑45分钟；要看到明显效果，则至少需要坚持6周。

当然，运动锻炼对大脑的好处不止上述这些。从长期来看，运动锻炼可以全方位提高孩子的认知能力，并让孩子变得更聪明。所以，赶紧动起来吧。整体来看，建议每周锻炼至少3次，每次45分钟左右；以有氧训练为主，比如跑步、快走等。

高效睡眠，修复大脑，远离失眠和焦虑

失眠或者入睡困难，已经成为当下的一种“流行”病，不只是老年人，在中青年群体，甚至在少年儿童中都比较常见。根据《中国睡眠研究报告2023》等数据，目前中国有近3亿人存在失眠问题，16.2%的受访者认为他们的睡眠没有达到充分休息的效果。为了满足越来越多的人对于正常睡眠的渴求，很多医院都陆续开设了与睡眠相关的科室和门诊。相关数据显示，长期失眠的人发生抑郁的风险是正常人的3倍。34.6%的抑郁患者伴发失眠。可以说，抑郁和失眠互为因果，形成恶性循环。所以，家长一定要重视孩子的睡眠状况。

“缺觉”本身就是一种慢性压力。睡眠对学习至关重要。只要

有一点缺觉，人的思维能力和认知表现都会受到影响。

在一个研究微睡眠限制的实验中，一些六年级的学生被要求比平常早睡1个小时或者比平时晚睡一个小时，并坚持3个晚上。那些睡眠比其他同学少的学生在认知测试中竟只有四年级学生的水平。睡觉的时候发生了什么？大脑会“重放”一天的经历，从皮层到海马体反复发送信号，用来整合和巩固记忆。睡眠可以刷新整个大脑并提高大脑的专注力与记忆能力，让专注与记忆调整到最佳状态，并投入全新的学习中。

明确这一科学共识非常必要：高效睡眠不但可以远离焦虑情绪，最重要的是可以修复大脑，对大脑功能和认知能力有积极作用，可以提高我们的学习力、记忆力和创造力。

深度睡眠与学习和记忆的关系

了解孩子的睡眠质量对于他们的身体和心理健康至关重要，特别是对学习能力的影响。良好的睡眠质量有助于提高注意力、记忆力和问题解决能力。深度睡眠阶段是大脑进行记忆整合和学习巩固的关键时期。因此，了解孩子的睡眠质量，建立规律的作息时间，提供安静舒适的睡眠环境，都是为了确保他们能够获得充足、高质量的睡眠，从而提升学习能力和整体生活品质。睡眠不仅是身体休息的时间，更是大脑巩固所学知识的关键时刻。深度睡眠对于大脑的好处是不可忽视的。在睡眠的不同阶段中，深度睡眠是其中一个重要的阶段，通常称为“慢波睡眠”（Slow-Wave Sleep, SWS）。

无所事事的大脑也会累

“疲劳感”是一种大脑现象。很多人认为，“休息=让身体休息”，但事实上，“大脑休息+身体休息”才是真正的休息。

大脑内有一个区域特别耗能，名为预定模式网络（Default Mode-Network 简称DMN），DMN耗费的能量是全脑耗费能量的60%—80%，发现DMN的马库斯教授称之为“脑的暗能量”。当我们有意识地做一件事，能量最多用了5%，其实DMN把能量都浪费在了白日做梦、发呆和胡思乱想上了。正是因为这些“大脑能量吞噬者”一直徘徊在脑神经回路中，所以人们总是感觉到累。累的感觉其实来自大脑。

学习、工作、生活中会出现“心智游移”（Mind Wandering），而不专注这种现象与DMN有很大关系。一些问题会在做梦中解决，也是因为睡觉时DMN活跃，这种现象为“Sleep on it”，意为晚上睡觉解决问题。

控制DMN最好的方法就是正念冥想。孩子总是感觉疲倦、注意力不集中，或者精神涣散时，大脑最好的休息方式就是“正念冥想”。因为正念冥想与睡眠也有正向关系，进而影响孩子的大脑功能和认知能力。让孩子拥有好的睡眠和好的休息方法非常必要。

10个让孩子拥有高效睡眠的方法

以下10个方法有助于孩子保持高效睡眠，告别失眠焦虑。

（1）建立规律的作息时间：设定固定的睡觉和起床时间，包括周末。这有助于调整孩子的生物钟，让他们的身体适应一致的作息规律。

（2）创造舒适的睡眠环境：确保孩子的卧室安静、黑暗、凉爽，床上用品舒适。有些孩子可能对安静的环境更敏感，可以考虑使用轻柔的白噪声机或静音风扇。

（3）限制屏幕时间：在睡前一小时尽量避免使用电子设备，如手机、平板电脑和电视。这些设备的蓝光可能会影响孩子的生物钟，使入睡更为困难。

（4）提供适量的晚餐：避免在睡前过度进食，但也不要让孩子在就寝前过于饥饿。适量的晚餐有助于保持稳定的血糖水平，有助于入睡。

（5）促进日间活动：确保孩子在白天有足够的活动时间，参与体育运动、户外活动或者适当的体育锻炼，有助于消耗体力和促进良好的睡眠。

（6）建立睡前习惯：制定一系列轻松的睡前活动，如阅读、听轻音乐或冥想。这些活动可以帮助孩子放松身心，为入睡做好准备。

（7）教导应对焦虑的方法：如果孩子在晚上容易焦虑，可以教导他们一些应对焦虑的方法，如深呼吸或者通过绘画、写日记等方式表达情感。

（8）限制咖啡因摄入：避免让孩子在睡前摄入含有咖啡因的食物或饮料，如巧克力、可乐等。

（9）积极的亲子互动：在睡前进行积极的亲子互动，有助于孩子感到安全和支持。可以通过聊天、分享一天的经历等方式来促进亲子关系。

(10)关注孩子的睡眠信号：学会观察孩子的睡意信号，及时调整睡眠时间，以确保在孩子感到疲倦但不过度被干扰的时候入睡。

通过建立良好的睡眠习惯，家长可以帮助孩子维持充足和高质量的睡眠，促进他们身心的全面健康发展。为包括大脑在内的身体各部位的高效供能，才是孩子成为学习高手的有力保证。所以，家长真的需要“终身学习”，当家长成为学习高手的时候，孩子就有了最真切的榜样了。

本书向家长们传授了众多学习力提升实用技巧，旨在通过日常生活中的点滴细节，给予孩子更多学习策略与心理能量，希望他们在成长过程中既高效又快乐。在新时代背景下，家长们需要具备丰富的知识储备和迅速获取信息的能力，这不仅能够为孩子的成功之路打下坚实的基础，还能帮助他们在竞争激烈的学习环境中脱颖而出，实现全面的发展。

结束语

在我们共同完成这本书的探索之旅后，或许您已经深刻感受到培养孩子学习潜能的奥妙。

所有成功都从打开视野开始，想让孩子爱上学习，首先要了解孩子并激活他们的大脑。每个孩子都是独特的，拥有各自的学习开关。通过了解大脑个性，善用关键期优势，培养高效学习习惯，我们就可以带孩子进入自主自律学习的状态。而良好的亲子关系，更是孩子自信满满和学习情绪高涨的基石。相信孩子、支持孩子，我们一定都能平稳跨越各个叛逆期，使他们爱上学习。

在这本书里我们剖析了“费妈”之谜，也出了很多“省妈”的绝招。学习能力规划不仅仅关乎学业，更关乎孩子未来的全面发展。通过理性规划，了解学习风格，培养良好学习习惯，我们都可以帮助孩子提前规划最优的学习蓝图，培养其成为高效主动学习的“能手”。

本书最有价值的部分是与家长一起深入学习了“五维学习力”训练方法，从而提升孩子脑力，激活学习潜能。高效专注、超强记忆、广泛阅读、深度思维、全新创造，这“五维学习力”可以让孩子的大脑得到全方位锻炼，为他们的未来打下坚实的脑力基础。一定要坚信，孩子的大脑拥有无限潜能，激活大脑是提升孩子们学习能力、情绪管理能力，以及保证身体健康的重要原动力。

最后，家长们一定要回归初心，一个身心健康的孩子才是我们最棒的宝贝。未来孩子们拼的不只是脑子，也是身心健康。科学运动、深度睡眠、健康饮食、亲子冥想及轻松沟通，都可以为孩子构建一个全面健康的生活体系，使孩子在提升脑力的同时，用对学习方法，学会平衡生活与学习。

亲爱的家长们，我们才是孩子成长路上最重要的引导者。我希望这本书能为您提供一些专业实用的方法和科学健康的理念，让您可以更有信心、更有技巧地激活孩子的大脑潜能，帮助他们实现自主学习。

在培养孩子学习能力的过程中，请牢记，每个孩子都是独特而又珍贵的，他们的未来是有无限可能的。来自家长的关爱、耐心、理解和引导，远比传授知识本身更能让孩子后劲十足。

愿您与孩子一同走向美好的未来，感谢您的陪伴和支持。

祝福您和孩子们，激发无限潜能，成就精彩人生！